北京低碳发展政策与规划研究

Study on Low Carbon Development Policies
and Planning in Beijing

———— 樊明太　等著 ————

中国社会科学出版社

图书在版编目（CIP）数据

北京低碳发展政策与规划研究／樊明太等著 . —北京：
中国社会科学出版社，2014.11
ISBN 978 - 7 - 5161 - 5371 - 0

Ⅰ. ①北… Ⅱ. ①樊… Ⅲ. ①节能—区域经济发展—
研究—北京市 Ⅳ. ①F127.1

中国版本图书馆 CIP 数据核字（2014）第 300570 号

出　版　人　赵剑英
责任编辑　张　林
特约编辑　宋英杰
责任校对　高建春
责任印制　戴　宽

出　　　版　中国社会科学出版社
社　　　址　北京鼓楼西大街甲 158 号（邮编 100720）
网　　　址　http://www.csspw.cn
发 行 部　010 - 84083685
门 市 部　010 - 84029450
经　　　销　新华书店及其他书店
印刷装订　北京金瀑印刷有限责任公司
版　　　次　2014 年 11 月第 1 版
印　　　次　2014 年 11 月第 1 次印刷
开　　　本　710×1000　1/16
印　　　张　13.25
插　　　页　2
字　　　数　205 千字
定　　　价　46.00 元

凡购买中国社会科学出版社图书，如有质量问题请与本社联系调换
电话：010 - 84083683

前　　言

　　本书是中国社会科学院数量经济与技术经济研究所承担的"GEF－SC1.3 北京市低碳发展政策与规划"子课题的研究成果。世界银行北京环境二期全球环境基金（GEF）余款利用项目"北京市低碳发展研究"（赠款号：TF024121－CHA），由北京市世界银行亚洲开发银行贷款项目领导小组综合办公室负责管理，北京市21世纪议程工作办公室组织执行。该项目分解成 11 个子课题，通过公开招标遴选专业研究机构分别承担。

　　低碳发展是在全球应对气候变化、促进经济社会可持续发展的背景下提出的一种新的经济社会发展模式。中国顺应国际低碳发展趋势，积极应对气候变化，明确提出到 2020 年碳排放强度比 2005年下降40%—45%的目标。北京作为中国首都和政治、文化、科技中心，也需要率先发展低碳经济、建设低碳城市。这将中国及北京推动低碳发展的政策和规划研究推到了前沿位置。

　　本成果首先比较分析了世界主要国家及城市促进低碳发展的政策措施，以促使中国及北京借鉴其推动低碳发展的经验和启示；然后，对北京发展低碳经济的政策措施及绩效进行了技术经济比较分析，以把握北京低碳发展的影响因素和可选政策；随后，研发和应用基于社会核算矩阵的北京低碳发展可计算一般均衡（CGE）模型，进行了北京低碳发展政策通过市场机制发挥作用的多部门综合性影响的系统性情景模拟，提供了相应的政策工具组合效应的数量界限及经济有效性评价；最后，结合政策分析和情景模拟提出了北京 2010—2020 年低碳发展战略目标和发展路径，并就北京实现 2010—2020 年低碳发展战略目标提供了战略实施的指导原则和政策规划建议。

本成果具有以下几个突出特点：一是国际经验与国情市情相结合。本研究非常重视国外低碳发展相关经验的比较分析，从国家、地区和城市不同层次，系统研究了近年来美国、英国、日本等国家的低碳发展政策措施，特别关注纽约、伦敦、巴黎、东京等国际大都市的低碳发展模式，为分析研究北京推动低碳发展、建设低碳城市提供借鉴。二是定量分析与定性分析相结合。本研究在比较分析的基础上，非常注重实证分析的规范性和结构模型工具的运用，特别地建立和应用基于社会核算矩阵基础上的北京低碳发展 CGE 模型，对若干低碳发展技术和政策进行了情景模拟和定量分析，为相关政策制定提供量化分析支撑，提高决策的科学性和可靠性。三是理论研究与政府决策相结合。本研究由于关系到政策和规划，因此在进行理论分析的同时，也特别注重结合北京低碳发展的政策和规划及其市场机制，希望研究及相关结论可以对政府现实决策发挥引导作用，为北京市制定相关政策规划提供参考借鉴。

本成果之"摘要"，由樊明太执笔。本成果之第一章"总论"由樊明太执笔，胡洁、李爱军、张玉梅、吕峻分别参与提供了相应摘要的初稿。本成果之第二章"国外低碳发展政策经验与启示"由樊明太、胡洁、刘敬东、张启明、黄鑫、周睿分别执笔初稿，胡洁对初稿进行了整合，樊明人进行了最后的修订和总编。本成果之第三章"中外发展低碳经济主要措施的技术经济对比分析"由李爱军、黄鑫、樊明太、刘强分别执笔初稿，樊明太进行了整合、最后的修订和总编。本成果之第四章"北京市低碳发展 CGE 模型分析研究"，由樊明太、魏涛远、张玉梅、张晓光分工执笔，张玉梅对初稿进行了整合，樊明太进行了最后的修订和总编。本成果之第五章"2010—2020 年北京市低碳发展的战略规划及措施建议"由樊明太、叶华、吕峻分别执笔，吕峻对初稿进行了整合，樊明太进行了最后的修订和定稿。

　　需要致谢的是，在课题投标、组织和研究过程中，张国初研究员给予了无私指导和大力帮助；课题评审专家，包括徐华清、张泰、庄贵阳、周宏春、苏明山等，对中期成果和最终成果都提出了宝贵的修改意见；北京市 21 世纪议程工作办公室前主任宋立芸、现主任邵志清、副主任左新文等，对本研究从投标到最终评审都一直给予指导和帮助。当然，文责自负。

　　本书能够顺利出版，还要特别感谢责任编辑张林女士，她的支持和精益求精的编辑使我受益匪浅。

　　需要指出的是，本研究也得到了中国社会科学院创新工程项目"我国国民金融配置行为及政策效应"（IQTE9）的资助。

　　由于研究时间紧、水平所限，书中难免有不妥之处，欢迎大家批评指正。

樊明太

2014 年 10 月 28 日

北京市低碳发展政策与规划研究
执笔人

摘要

执笔：樊明太

第一章　总论

执笔：樊明太

参与：胡洁、李爱军、张玉梅、吕峻

第二章　国外低碳发展政策经验与启示

总编和定稿：樊明太、胡洁

执笔：樊明太、胡洁、刘敬东、张启明、黄鑫、周睿

第三章　中外发展低碳经济主要措施的技术经济对比分析

总编和定稿：樊明太

执笔：李爱军、黄鑫、樊明太、刘强

第四章　北京市低碳发展 CGE 模型分析研究

总编和定稿：樊明太、张玉梅

执笔：樊明太、魏涛远、张晓光、张玉梅

第五章　2010—2020 年北京市低碳发展的战略规划及措施建议

总编和定稿：樊明太、吕峻

执笔：樊明太、叶华、吕峻

目　　录

Contents

摘　　要

低碳经济理念的产生主要源自于国际气候谈判中关于发展权与排放权的争论及人类在后工业社会关于能源未来、气候变化和社会可持续发展的思考。低碳经济由英国政府在其 2003 年能源白皮书《我们能源的未来：创建低碳经济》中首次提出，其后在 2007 年联合国气候大会"巴厘路线图"决议中获得肯定。由此开始，世界各国都积极倡导发展低碳生产模式和低碳生活方式，逐步转型到低碳经济和低碳社会。

低碳经济的本质，是指在可持续发展理念指导下，通过技术创新、制度创新、产业转型、新能源开发等多种手段，尽可能地减少高碳能源消耗，减少温室气体排放，达到经济社会发展与生态环境保护双赢的一种经济发展形态。目前，我国要顺应国际经济向低碳发展模式转型的趋势，北京作为我国首都和政治、文化、科技中心，也要率先发展低碳经济、建设低碳城市。这也将中国及北京发展低碳经济的政策和规划研究推到了前沿位置。

为了结合北京市促进低碳发展、建设低碳城市的要求，从政策规划等角度为北京市提供低碳经济发展路径、建设方案和政策建议，我们组成课题组承担并执行了北京环境二期北京市低碳发展研究项目的 GEF－SC1.3 "北京市低碳发展政策与规划技术援助"咨询服务。按照该咨询服务合同，本课题组在第一章按要求给出了总论；在第二章按任务要求分析了国外促进低碳发展的政策法规，提出了可供借鉴的主要措施；在第三章按任务要求就中外发展低碳经济主要措施进行了技术经济对比分析；在第四章按任务要求模拟分析了北京市发展低碳经济的政策效果；在第五章按任务要求提出了北京 2010—2020 年促进低碳发展的战略规划。

一　主要思路

本研究的主要思路，是在比较分析世界主要国家和地区发展低碳经济的政策措施及相关经验和启示的基础上，通过对北京发展低碳经济的政策措施及绩效进行技术经济分析以把握北京低碳发展的影响因素和有效政策，研发和应用基于社会核算矩阵的北京低碳发展可计算一般均衡（CGE）模型进行北京低碳发展政策通过市场机制发挥作用的多部门综合性影响的系统性情景模拟，提供相应的政策工具组合效应的数量界限及经济有效性评价，从而通过模拟提出北京 2010—2020 年低碳发展战略目标和发展路径，为北京实现 2010—2020 年低碳发展战略目标提供战略实施的指导原则和政策规划建议。

按照本研究的主要思路和任务要求，本书包括五章。其中，第一章为总论，总结概括了主要的研究过程、方法和结论。

第二章对主要国家和地区发展低碳经济的政策法规的背景、目标及主要内容（包括能源与环境政策、技术政策、产业政策、低碳消费政策、财政税收政策、金融信贷政策等方面）进行了梳理和总结分析，同时对国外典型案例进行了研究，并总结了其相关经验和启示。

第三章在对我国和北京市低碳经济发展的背景、目标、政策措施、发展状况以及存在的问题和面临的挑战进行分析的基础上，比较分析了北京相对于上海、天津和全国的低碳发展状况，比较分析了北京相对于纽约、伦敦、巴黎和东京的低碳发展现状，并进一步就北京相对于其他国内 8 省市和全国的低碳发展状况进行了因素分解技术经济比较，并根据因素分解参数模拟提出了北京 2015、2020 年低碳发展战略目标及其经济技术基础。

第四章利用 2005 年北京市 42 个部门的社会核算矩阵，通过研发和应用北京低碳发展 CGE 模型，模拟分析了提高能源效率、增加电力投资和征收碳税三种政策情景对经济发展、能源消费和碳排放的动态影响；在此基础上，通过引入节能减排政策补贴工具，拓展并应用完善后的北京低碳发展 CGE 模型，模拟分析了碳税和节能减排政策补贴的组合效应。这种应用 CGE 模型进行反现实（Counter-factural）的政策模拟，有助于帮助理解政策作用机制和政策组合的协同效应。

第五章根据北京市低碳发展技术经济基础、二氧化碳排放决定因素的参数和 CGE 模型分析测算结果，参考国内外主要城市低碳发展目标和相关规划，通过模拟提出了北京 2010—2020 年低碳发展战略目标及隐含的发展路径和发展模式，在此基础上为北京实现 2010—2020 年低碳发展战略目标提供了战略实施的指导原则和综合性政策规划建议。

二　研究方法

本研究根据主要的研究思路和任务要求，主要采用了制度比较分析方法、定量比较和因素分解技术经济方法以及系统的政策组合效应定量模拟的 CGE 模型方法。

在第二章，本研究对主要发达国家和新兴经济体以及有关城市和区域关于低碳经济发展的政策法规及绩效进行了制度比较分析。

在第三章，本研究通过定量比较和因素分解技术经济方法估计了北京相对于国内 8 省市和全国人均 CO_2 排放量、万元 GDP 的 CO_2 排放量，并就北京市发展低碳经济的影响因素进行了技术经济研究。

CGE 模型作为一种系统的经济模型，是低碳经济政策决策支持系统中的国际性主流分析工具之一。应用 CGE 模型的目的是提供在相应前提条件下的政策情景模拟，通过设计不同的政策组合情景，定量评估各种可能的组合情景的变化空间及对发展目标的影响程度，从而把握达到各发展目标的政策组合的可行性和必要条件。不过，情景模拟不是未来预测，它不足以说明未来最可能发生的图景。在第四章，本研究通过编制北京市社会核算矩阵，研发和应用北京市低碳发展 CGE 模型，定量模拟了多种能源环境方面的政策组合对节能减排和经济发展等方面的多部门综合影响。应用北京低碳发展 CGE 模型进行政策组合模拟，为北京实施 2010—2020 年低碳发展战略的政策组合的协同效应提供了系统性数量界限及经济有效性评价。

三　主要结果和结论

主要结果和结论之一，相关国家和地区根据本国和地区的经济结构选择着力点，改造传统高碳产业、加强低碳技术创新，积极发展可再生能源与清洁新能源，应用市场机制与经济杠杆促使企业和居民在生产和生活方面减少温室气体排放，并加强国际范围内的协作推动低碳发展。对比分析这些国家和城市地区低碳发展的政策规划经验，可以得到六方面的启示，有助于北京市在实施低碳发展的政策和规划时根据情况进行借鉴。第一，建立和完善低碳发展的政策法规体系，综合运用并发挥其对低碳发展的促进作用。第二，以促进节能为重要途径，对全过程进行政策组合和运用。第三，通过技术研发和创新鼓励新能源开发和提高能效。第四，合理运用财税政策对低碳发展进行逆向约束和正向激励。第五，推动碳金融市场发展。第六，鼓励全民行动，参与实施低碳发展战略，建设低碳社会。

主要结果和结论之二，北京相对于伦敦、巴黎、纽约、东京等世界著名的国际大都市，低碳发展现状和条件都存在差距。第一，从人口总量及密度角度考虑，人口压力是北京低碳发展的重要障碍。第二，从经济规模、结构及增长速度角度考虑，北京在 5 个都市中规模最小、增速快、三产占比低，低碳城市的经济条件和产业条件差，存在低碳发展空间。第三，从能源总量及结构角度考虑，北京火力发电比重高并高度依赖煤炭,在 5 个都市中能源生产和消费的产业结构和能源品种的低碳城市条件差。第四,从二氧化碳排放总量及排放强度角度考虑,北京二氧化碳排放强度与伦敦、纽约和东京比较存在很大差距。因此,不要轻易断言北京具备建立世界级低碳示范城市条件。

主要结果和结论之三:应用北京 CGE 模型进行了提高能源效率、增加电力投资和征收碳税三种政策对经济、能源消费和碳排放的影响模拟,模拟结果表明:(1)提高能源效率有助于刺激消费、投资和经济增长,有助于节能减排。但是,对能源生产部门会产生不同的影响。因为提高能源效率会使北京当地能源价格下降,这意味着其他地方的能源价格相对提高,因此有利于脏能源外流。不同的能源供给由于具有不同的外部依存度而对北京当地的能源生产产生不同的效应。(2)增加电力投资有助于刺激消费、投资和大部分行业的经济增长,但电力部门会受到供给增加和价格下降的组合影响。一方面,电力供给增加会拉动煤炭和石油的消费;另一方面,电价相对下降会引致更多的电力消费,从而增加碳排放。(3)征收碳税有利于刺激电力等清洁能源的消费和生产、抑制煤炭和成品油等脏能源的消费和生产,因此对不同部门的经济增长产生不同影响。征收碳税会提高化石燃料的使用成本,因此有利于碳减排。总体来说,提高能效的技术进步和碳税都可以有助于减少碳排放,而更多的电力投资将会增加碳排放。在部门层次,碳税可以减少每个部门的碳排放,而其他两项政策则可能会使得某些部门的碳排放增加,另一些部门的碳排放减少。

主要结果和结论之四:根据要求,我们调整和完善了北京市低碳发展 CGE 模型,引入节能减排政策补贴工具,模拟了征收碳税(提高 10% 碳成本)与节能减排政策补贴的三种政策情景的组合效应。模拟结果表明:(1)对煤炭和石油产品新增 10% 碳税,会对北京不同的煤炭开采和洗选业、石油炼焦及核燃料业、非金属矿相关业产生冲击,因此有利于节能减排。(2)如果结合碳税实施节能减排补贴，我们假设的节能减排三种政策情景都只能部分缓解征收碳税对经济增长的不良影响，但却可以显著提高节能减排效果。

四 重要政策建议

1. 根据单位地区生产总值能耗和二氧化碳排放量的决定机制及相应的化石燃料排放系数、能源消费结构、能源强度、人均地区生产总值和人口变动等进行参数校准和模拟，并结合考虑北京产业结构、政治优势和科技优势，参考 2009 年中国政府确定的 2020 年国家减排目标和世界主要都市地区的减排目标，我们通过模拟建议：按 2005 年不变价计算，"十二五"、"十三五"期间 GDP 年均增长率参考目标分别为 9.66%、9.18%；相应地，"十二五"、"十三五"期间人均 GDP 年均增长率参考目标分别为 7.96%、7.60%；相应地，2015、2020 年北京万元 GDP 能耗的参考目标分别为 0.516 吨标准煤、0.426 吨标准煤，与 2005 年比较分别累计下降 35.5%、46.75%。

实现这样的低碳发展战略目标，意味着北京到 2020 年在国内省市中处于高水平，并且与国际其他大都市相比基本能够达到先进水平；意味着北京市将基本建设成为"生产清洁化、消费友好化、环境优美化、资源高效化"的绿色低碳现代化国际都市。

2. 根据北京低碳发展现状、历史规律和路径依赖，以及国际低碳发展经验，我们建议北京市低碳发展的路径分两阶段考虑。在 2010－2015 年阶段，继续着力低碳发展的启动和培育，即以政府为主导，建立和完善相关政策法律、启动低碳项目、培育低碳技术研发及服务市场、培育碳交易市场，同时宣传和培育低碳消费理念，进一步淘汰和改造高耗能产业。在 2016—2020 年阶段，着力培育低碳发展的自我持续能力，即逐步以企业和居民为主导，通过低碳技术、金融交易、消费市场以及法律约束和政策引导，使企业自主地改变生产方式、居民自主地改变消费方式，使得低碳发展成为全社会的自主发展理念和行动。

　　建议 2010—2020 年北京低碳发展模式为：继续优化产业结构；着力节能减排、提高能效和非化石能源利用率，着力新能源开发利用，加快发展公共交通体系、提高建筑物能效、推广绿色消费，推进低碳发展战略目标的实现。

　　3. 建议根据可能的政策措施和手段的环境有效性、成本有效性、行政和政治上的可行性，加强对低碳发展相关的政策、措施和工具的经济效应和节能减排影响进行审慎评估，并根据相关政策、措施和工具的适用范围发挥政府干预和市场机制的协同效应，改善低碳发展战略和政策实施的总体效果和效率。

　　4. 北京实施低碳发展战略，要根据国家发展低碳经济的行动方案，结合北京低碳发展实际情况和城市规划，坚持如下几个原则：

　　一是在可持续发展框架内坚持平衡低碳和发展的原则。

　　二是在成本有效性框架内坚持市场机制和政府干预，推进低碳发展的原则。OECD（2009）在研究 2012 年之后减缓气候变化的政策和选择时强调了低碳发展的成本有效性（cost effectiveness）原则。我们应用 CGE 模型进行的反现实政策模拟也表明：不同的政策在推进低碳和发展方面并非总是完全积极的，坚持成本有效性原则就要注意综合运用政策，发挥政策组合的协同效应，努力将低碳发展的外部性问题内部化。

　　三是坚持将北京低碳发展与北京城市规划中的区位功能和环北京地区低碳发展相结合原则。

　　四是坚持政府引导、企业主体、公众参与原则。

　　五是坚持重点推进、机制体制创新原则。

　　5. 北京市低碳发展战略思路，可以考虑如下七个主要方面。

　　一是在战略层次建立和完善低碳发展的组织和制度保障。

　　二是完善北京低碳发展中长期规划和相关财税金融政策支持。低碳发展作为一项长期性和综合性工程，除了要具有明确的阶段性战略目标之外，也需要结合项目实施进行低碳发展的系统性战略规划，通过强有力的财税金融政策支持保障低碳发展规划的实施。

三是创新低碳发展的政策执行机制。

四是通过产业政策措施大力促进低碳产业发展和工业、建筑、交通等重点领域节能工作。

五是通过能源政策推进可再生能源和低碳能源的利用。

六是通过低碳消费政策引导居民进行低碳消费。

七是通过低碳技术政策，支持低碳技术的研发、管理和服务类人才的培养。

第 一 章

总 论

低碳经济理念的产生主要源自于国际气候谈判中关于发展权与排放权的争论及人类在后工业社会关于能源未来、气候变化和社会可持续发展的思考。低碳经济由英国政府在其 2003 年能源白皮书《我们能源的未来：创建低碳经济》中首次提出，其后在 2007 年联合国气候大会"巴厘路线图"决议中获得肯定。由此开始，世界各国都积极倡导发展低碳生产模式和低碳生活方式，逐步转型到低碳经济和低碳社会。

低碳经济的本质，是指在可持续发展理念指导下，通过技术创新、制度创新、产业转型、新能源开发等多种手段，尽可能地减少高碳能源消耗，减少温室气体排放，达到经济社会发展与生态环境保护双赢的一种经济发展形态。目前，我国要顺应国际经济向低碳发展模式转型的趋势，北京作为我国首都和政治、文化、科技中心，也要率先发展低碳经济、建设低碳城市。这也将中国及北京发展低碳经济的政策和规划研究推到了前沿位置。

本研究目的在于借鉴国外地区和城市发展低碳经济的政策经验和启示，比较分析北京市低碳发展的实践和政策措施的有效性，研究北京市实施低碳发展战略的政策组合的模拟性综合效应，为北京市低碳发展的战略目标、发展路径、发展重点、战略实施的项目和保障措施提供政策和规划建议。

第一节　国外低碳发展政策经验与启示

一　国外主要国家和地区的低碳发展政策法规

我们调研了美国及其加州、欧盟及德国、英国及其伦敦、日本等主要国家和城市地区的低碳发展实践和政策法规体系。我们从这些国家和城市地区在能源发展低碳化、产业结构调整低碳化、低碳技术和低碳社会发展方向上，研究其相关政策的目标和制定背景。从这些国家和城市地区低碳发展的政策规划实践来看，它们都结合自己低碳发展的实践制定了具体的减排目标，并提出和实施了系统的低碳发展政策法规。

相关国家和地区的低碳发展政策措施，可概括为：（1）低碳能源政策，包括可再生能源政策、节约能源政策、能源技术政策等；（2）低碳技术政策，包括碳减排技术研发、应用和转让政策，碳封存技术政策，低碳技术标准等；（3）低碳产业政策，包括鼓励低碳产业发展、低碳产品生产、限制高碳产品生产与进口等政策；（4）低碳消费政策，包括绿色包装、绿色采购、绿色物流、绿色社区等；（5）财政税收政策，包括加大财政支出、税收优惠、开征碳税等政策；（6）金融政策，包括金融信贷政策、碳交易及金融衍生品交易等政策。表1.1概要地总结了这些低碳发展政策及相应的具体措施和工具。

这些低碳发展政策措施，具有不同的着力点。相关国家和地区根据本国和地区的经济结构选择着力点，改造传统高碳产业、加强低碳技术创新，积极发展可再生能源与清洁新能源，应用市场机制与经济杠杆促使企业和居民在生产和生活方面减少温室气体排放，并通过加强国际范围内的协作推动低碳发展。

表 1.1   国外经济体低碳发展政策体系

	低碳发展目标	能源与环境政策	产业政策	技术政策	财税政策	金融政策	消费政策/社会行动	出台法规
美国	相对于 2005 年，CO_2 排放量到 2020 年减排 17%；2025 年减排 30%，2030 年减排 42%，2050 年减排 83%	清洁能源政策；可再生能源；推进智能电网计划	以开发新能源、发展低碳经济为经济战略	推动新一代清洁能源技术	财政补助建立能源基金；税收减免；征收碳税	提供信贷支持；碳交易及其衍生品交易	建筑节能；低碳交通	《2005 年国家能源政策法》；《固体废弃物处置法》（1976）；《低碳经济法案》（2007）；《美国清洁能源安全法案》（2009）
美国加州	相对于 1990 年，CO_2 排放量到 2020 年减排至基年水平，到 2050 年减排 80%	研发可再生新能源；提高能源使用效率	"绿色交通战略"；"绿色建筑倡议"				打造绿色社区、强化低碳意识；鼓励民众参与节能减排活动；建立良好合作机制	《全球变暖解决法案》；《全球温室效应治理法案》；环保法令《执行令 S－3－05》
欧盟	到 2020 年减排 20%，到 2050 年则减排 60%—80%	发展可替代能源；加大对节能、清洁能源和可再生能源的研发投入	能源气候一揽子计划，涉及能源与环境政策、技术政策	《欧盟能源技术战略计划》	政府直接投资；引入碳税	碳交易制度		《能源效率行动计划》（2006）；《欧盟能源技术战略计划》（2008）

续表

	低碳发展目标	能源与环境政策	产业政策	技术政策	财税政策	金融政策	消费政策/社会行动	出台法规
德国	相对于1990年，到2020年减排40%	大力发展可再生能源	推动新能源汽车发展	气候保护高技术战略；发展低碳发电站技术；推广"热电联产"技术	低碳财税政策；生态税	绿色信贷政策；排放权交易	鼓励企业实行现代化能源管理；提倡居民使用节能家用电器；促进低碳建筑发展	《可再生能源法》；《循环经济与废弃物处理法》（1996）；《节约能源法案》（2002）
英国	相对于1990年，到2020年减排26%—32%；到2050年减排至少60%	发展核能、可再生能源和洁净煤	支持发展世界领先低碳能源产业和绿色制造产业	支持开发和部署低碳技术	气候变化税；政策性补贴；政府绿色采购	创新碳基金；推出气候变化协议；启动CO_2排放贸易机制；使用可再生能源配额	低碳节能生活方式宣传教育	2007年推出《气候变化法案》，并自2008年实施
伦敦	到2025年减排60%	本地化、低碳化、分散化能源供应	"绿色机构行动方案"；低碳交通政策	可再生能源技术；碳捕获和封存技术	交通碳税	国际碳排放交易中心	"市长绿色家庭计划"	"应对气候变化计划"；"市长绿色家庭计划"；"绿色机构行动方案"
日本	相对于2005年，中期目标为到2020年减排15%；长期目标为到2050年比现阶段减少60%—80%	推行新能源战略		能源科技发展战略；资金支持低碳技术研发	提出环境税；不征收碳税	实施绿色信贷	推进低碳社会、循环型社会和与自然和谐共生社会建设	《关于促进利用再生资源的法律》；《合理用能及再生资源利用法》；《废弃物处理法》

二 国外低碳发展政策的实施经验和启示

对比分析这些国家和城市地区低碳发展的政策规划经验，可以得到如下六方面的启示，有助于北京市在实施低碳发展的政策和规划时根据情况进行借鉴。因为不同国家和城市地区面临不同的经济技术环境，因此，为实现低碳经济战略目标而设计的发展政策必须根据相应措施和工具的适用范围而综合运用。

第一，建立和完善低碳发展的政策法规体系，综合运用并发挥其对低碳发展的促进作用。

第二，以促进节能为重要途径，对全过程进行政策组合和运用。

第三，通过技术研发和创新鼓励新能源开发和提高能效。

第四，合理运用财税政策对低碳发展进行逆向约束和正向激励。

第五，推动碳金融市场发展。

碳金融市场包括碳交易、绿色信贷等活动。推动碳交易、绿色信贷等碳金融市场发展，是发展低碳经济的重要方面，发展空间和作用潜力巨大。

第六，鼓励全民行动，参与实施低碳发展战略，建设低碳社会。

第二节 中外发展低碳经济主要措施的 技术经济对比分析

一 中国低碳发展的战略目标和政策措施

2006 年以来，我国顺应国际上的低碳发展转型趋势，明确提出了控制气候变化的具体目标为：到 2010 年实现单位 GDP 能耗比 2005 年降低 20%，力争到 2010 年使我国可再生能源的比重提高到 10%，到 2020 年提高到 15%。我国政府还明确提出了到 2020 年单位国内生产总值二氧化碳排放将比 2005 年下降 40%—45% 的低碳战略目标。为实施低碳发展战略，我国政府先后发布了《气候变化国家评估报告》、《中国应对气候变化国家方案》和《国家环境保护"十一五"规划》，并借鉴国外发展低碳经济的经验，在低碳发展方面提出和实施了很多政策和措施，探索推进中国特色的低碳发展战略和有效路径。

中国政府在"十一五"期间采取的低碳发展政策和措施，主要包括五个方面：（1）制定并实施了中国应对气候变化的国家方案，明确了到 2010 年应对气候变化的具体目标、基本原则、重点领域和政策措施；（2）着力推进经济发展方式的转变和经济结构的调整，采取淘汰落后产能的政策和行动，鼓励和倡导节约能源资源的生产方式和消费方式；（3）将单位 GDP 能耗作为约束性指标纳入"十一五"规划，并建立了地方、企业节能减排责任制，逐级进行考核；（4）通过加大政策引导和企业参与、资金投入，大力发展水能、核能、太阳能、农村沼气等低碳能源；（5）深化能源资源领域价格和财税体制改革。通过一系列政策措施，控制温室气体排放。

中国正处于快速工业化和城市化进程中，中国未来经济发展需要较大的能源供给和温室气体排放空间。但我国发展低碳经济也面临着诸多制约因素。一是中国以煤炭为主要能源的能源结构短期内难以改变。二是我国目前所处的发展阶段与低碳发展要求存在矛盾。三是我国总体技术水平落后。四是促进低碳发展的市场化机制不完善。因此，在未来 20—50 年间，中国需要在工业化发展和温室气体减排之间寻求平衡。

二　北京低碳发展现状和成效

北京作为我国的政治、文化、科技中心，"十一五"期间在低碳发展方面走在了全国省级层次的前列。据北京 2010 年统计，"十一五"前 4 年，北京市以年均 4.47% 的能源消耗增长支撑了年均 11.49% 的经济增长速度，万元 GDP 能耗由 2005 年的 0.79 吨标准煤下降到 2009 年的 0.606 吨标准煤，累计下降 23.34%，超额实现

"十一五"下降20%的目标，累计下降率和完成进度两项指标在全国省区市层次上均居全国首位。

"十一五"以来，北京市全面落实中央节能减排工作要求，抓住奥运筹办机遇，加快转变发展方式，大力调整产业结构，大力展开节能攻坚，初步形成了低消耗、低排放、低污染的经济发展模式，低碳发展成效显著。突出表现在：一是能源效率不断提高；二是能源结构不断优化；三是产业结构不断升级；四是初步建立起多层次的节能减排政策体系；五是城市绿化率水平大幅度提升，碳汇作用明显；六是新能源、节能环保等低碳技术研发及推广应用取得积极进展；七是随着社会经济水平的提高，社会响应体系不断成熟，居民低碳等环境意识大幅度提升。特别地，北京还结合低碳发展项目，实施了一系列低碳发展政策措施，包括能源与环境政策法规、产业政策、低碳消费政策、财政税收和补贴政策、金融信贷政策等。这一切都成为北京进一步促进低碳发展的良好基础。

三　北京与全国及其他直辖市的低碳发展比较

根据我国相关省市经济和能源统计，我们对1990—2008年间全国、北京市、上海市和天津市的能源消费所产生的二氧化碳排放量及相应的人均二氧化碳排放量和万元GDP二氧化碳排放量进行了估算和比较分析。

关于二氧化碳排放量的估算结果表明：（1）1990—2008年间，北京市的二氧化碳排放总量增长相对平稳，2008年相对于1990年增长30.57%，并在部分年份出现下降的情况。（2）天津市的二氧化碳排放总量在三个直辖市中增速最快，2008年相对于1990年增长115.89%，并在2001年后排放水平超过北京。（3）上海市的二氧化碳排放总量在三个直辖市中绝对水平最高，并高出其他两市很多，而且增速也较快，2008年相对于1990年增长111.36%。（4）全国的二氧化碳排放总量，2008年相对于1990年增长171.70%，均比上述三个直辖市的增长速度要快；而且，1990—2002年期间二氧化碳排放总量增长相对平稳，但 2003—2008 年期间二氧化碳排放量增长速度加快，2008 年相对于 2002 年增长 90.79%。

关于人均二氧化碳排放水平的估算结果表明：（1）1990—2008 年间，北京人均二氧化碳排放量在波动中呈现总体下降的态势，2008 年北京人均二氧化碳排放量位于三市的最低水平，但仍然高于全国平均水平。（2）1990—2008 年间，天津人均二氧化碳排放量在 1990—2000 年间上升较为缓慢，但在 2000 年后总体上升较快。（3）上海在 2000 年前的变化与天津大致相同，2000 年到 2005 年增长最为迅速，其后到 2008 年有所下降。2008 年，上海和天津的人均二氧化碳排放量均高出全国平均水平 80% 左右。（4）从人均二氧化碳排放量的变化趋势来看，全国在 1990—2002 年间缓慢上升，但在 2002—2008 年间出现了较快的增长。

关于万元 GDP 的二氧化碳排放水平的估算结果表明：1990—2008 年间，三个直辖市的万元 GDP 二氧化碳排放量一直都在降低。其中，北京万元 GDP 二氧化碳排放量的降幅较为明显；天津万元 GDP 二氧化碳排放量减小较为平稳，从 1990 年到 2000 年一直下降，在 2000—2005 年间基本稳定，其后才出现小幅下降；上海万元 GDP 二氧化碳排放量降幅在三个直辖市中最为明显，2008 年万元 GDP 二氧化碳排放仅为 1990 年的 12.06%。

关于二氧化碳排放分行业来源的估算结果表明：（1）全国有 43.04% 的二氧化碳来自于火力发电。这是因为随着全国经济的快速增长，各行业对电力的需求都非常大；同时，也因为我国电力主要以火力发电为主。因此，继续规范火力电厂的发展，同时大力发展天然气、水能、核能、太阳能和风能等方式的发电来减轻火力发电负担，将会极大地减少全国的二氧化碳排放。（2）全国工业二氧化碳排放占排放总量的 37.01%。推行节能减排，提高工业部门的能源效率，改善工业结构，促进其产业技术的升级和节能措施的采用，将会使工业部门的二氧化碳排放量减少。二氧化碳排放占比处于第三位的是交通运输、仓储和邮政业，排放占比为 6.81%，这主要是因为该部门对汽油、柴油的消耗依赖。（3）对于北京市，其火力发电所排放的二氧化碳占比为 18.77%，远低于全国平均水平，这与北京市从外省引入大量电力有关，2008 年北京市从外省调入的电力占其总电力消费的 65.02%。工业部门是北京排放二氧化碳最多的，为 20.16%。北京二氧化碳排放分行业占比第三位的是交通运输、仓储和邮政业，为 16.85%，远高于全国平均比例，这与北京市的人口密度及过重的交通负担有关。第四位的是供热部门，排放的二氧化碳占比为 14.10%，高于全国平均水平，也高于天津市，这与其冬季需要供暖且是超级大都市，人口较多有关。最后，北京市的生活能耗排放的二氧化碳占比为 13.44%，远高于全国水平的 4.23%。综合来看，北京二氧化碳减排的重点在供热、交通运输、生活消费这三个环节。

关于二氧化碳排放分能源品种来源的估算结果表明：三个直辖市的二氧化碳排放均主要是由于煤炭燃烧。不同的是，北京煤炭占比最低，为 53.83%，天津煤炭使用占比要高于北京、上海，为 65.62%；天然气使用导致的二氧化碳排放的占比第二，为 12.64%，北京使用天然气的比例要远高于天津、上海；汽油和煤油依序是二氧化碳排放的第三、第四个品种。因此，提高煤燃烧效率，减少煤炭使用量，是所有城市减少其二氧化碳排放的主要手段；各市需要针对本市能源消费特点而对产业结构和节能政策做出调整。

四 北京相对于国外主要国际都市的低碳发展比较分析

伦敦、巴黎、纽约、东京是世界著名的主要国际大都市，人口都在 500 万以上。进行城市低碳发展比较，必须注意城市界定的一致性。OECD 在研究 OECD 国家中的城市化和城市化政策趋势时，明确指出城市可以按行政能力、物理指标、功能定义进行不同的界定。考虑到北京行政管辖的界定，我们一般地将北京与大伦敦、大巴黎、纽约和东京进行比较。

　　关于低碳发展的评价框架，暂且只考虑人口总量及密度、经济规模及产业结构、能源总量及结构、二氧化碳排放水平及强度等四个方面。如潘家华、庄贵阳等（2010）所指出，低碳发展的评价框架还应该包括低碳发展政策和措施方面的信息。由于资料限制，这里的评价框架暂且不详细考虑这些国际大都市的低碳发展政策和措施方面的信息。

　　第一，从人口总量及密度角度考虑，人口压力是北京低碳发展的重要障碍。

　　纽约在 2003 年人口就已经超过 1 900 余万，密度为每平方公里 406 人。东京 2008 年人口为 1 290 万，人口密度为每平方公里 6 000 人，近 10 年人口平均增长率约为 0.8%。巴黎 2007 年总人口约在 1 160 万人左右，人口密度为每平方公里 970 人。伦敦 2007 年人口规模为 756 万，人口密度为每平方公里 4 807 人。北京 2008 年常住人口约为 1 695 万人，人口密度约为每平方公里 1 033 人。特别地，北京城区人口密度相对于其他 4 个国际都市而言较高，而且近年来北京人口增长率远高于其他 4 个国际都市。因此，人口压力应该是北京低碳发展的一大障碍。

　　第二，从经济规模、结构及增长速度角度考虑，北京在 5 个都市中规模最小、增速快、三产占比低，低碳城市的经济条件和产业条件差，存在低碳发展空间。

　　据统计，尽管北京近年来第三产业占比显著上升到 2009 年的 75.5%，但与伦敦、巴黎、东京的第三产业占比都超过 80% 比较，低碳城市的产业结构条件仍然差。

　　第三，从能源总量及结构角度考虑，北京火力发电比重高并高度依赖煤炭，在 5 个都市中能源生产和消费的产业结构和能源品种的低碳城市条件差。

　　（1）伦敦 2006 年能源消费主体结构为：居民消费占比 40%，工商业消费占比 36%，交通业消费占比近 15%。（2）东京 2008 年电力需求按行业划分的比例为：制造业占 29%，铁道行业占 24%，建筑业、供热供电供暖供水行业以及交通运输行业共占47%。（3）纽约2003年能源生产占比结构为：石油燃料占42%、天然气占26%、核能占9%，煤占7%，氢化物、进口能源和生物质能三种都分别占5%；2003年纽约能源消费占比结构为：居民占28.3%、工业占12.6%、商业占23.1%、交通运输业占36.1%。（4）北京2007年能源消费占比为：三产占39%，工业占41%，建筑业占2%，一产占2%，居民生活占16.5%。可以肯定，北京在5个都市中能源生产和消费的产业结构和能源消费品种的低碳城市条件差。

第四，从二氧化碳排放总量及排放强度角度考虑，北京二氧化碳排放强度与伦敦、纽约和东京比较存在很大差距。

据对万元GDP的二氧化碳排放进行测算，东京2006财年为0.0875吨，伦敦2000年为0.197吨，纽约2007年为0.132吨，北京2007年为1.24吨。

五　北京与全国和其他8省市二氧化碳排放的技术经济比较

（一）二氧化碳排放强度的技术经济分解

对人均二氧化碳排放、万元GDP二氧化碳排放按适当的技术经济方法进行分解，有助于我们通过定量测算理解二氧化碳排放强度的影响因素的相对重要性及变动趋势，对于研究我国低碳发展的战略和措施具有重要的指导性，可以为北京的低碳发展的政策优化组合提供决策依据。

我们根据我国1990—2005年经济数据和能源数据统计，选用LMDI（Log-Mean Divisia Index）分解法将北京、全国和其他主要省市二氧化碳排放强度分解成产业规模、产业结构、能源强度、能源种类和二氧化碳排放系数共5类因素。

（二）技术经济分解结果及分析

关于人均二氧化碳排放量的估算表明：1990年至2005年北京市的人均二氧化碳排放量呈略微下降趋势，而全国和其他各省市的人均二氧化碳排放量基本上是逐年递增的。到 2005 年，人均二氧化碳排放量超过全国平均水平的有河北、山东、北京、江苏和浙江。

关于人均二氧化碳排放的技术经济分解结果表明：（1）影响各时间段的全国和各省市人均二氧化碳排放量的主要分解因素是能源效率因素和经济发展因素。能源消费结构因素的影响相对比较小，这是因为全国和各省市的能源消费种类在短期内基本保持不变，仍然保持了以煤炭和石油等传统化石燃料为主的能源消费结构。能源效率因素主要起到减少人均二氧化碳排放量的作用，这是由能源强度降低所带来的好处；而经济发展因素主要起到增加人均二氧化碳排放量的作用，这是因为经济规模逐年扩大。（2）对全国和 9 个省市进行同期比较，可以发现北京市的能源效率因素和经济发展因素的绝对值很大。这说明北京由经济规模扩大增加的人均二氧化碳排放量和由能源效率提高减少的人均二氧化碳排放量都很大，最后结果是 1990—2005 年各个时期北京的人均二氧化碳排放量基本不变，2005 年较 1990 年水平略有下降。

关于万元 GDP 的二氧化碳排放的估算结果表明：全国以及 9 省市的万元 GDP 二氧化碳排放量逐年递减；2005 年，北京在全国省市层次上万元 GDP 二氧化碳排放量最低。

关于万元 GDP 二氧化碳排放的技术经济分解结果表明：（1）影响 1990—2005 年各时间段的全国和 9 省市万元 GDP 二氧化碳排放量的主要分解因素是人均能源消费因素和万元 GDP 人口数因素；能源消费结构因素的影响相对较小，这是因为全国和 9 省市的能源消费种类在短期内基本保持不变，仍然保持了以煤炭和石油等传统化石燃料为主的能源消费结构。人均能源消费因素主要起到增加万元 GDP 二氧化碳排放量的作用，这是因为随着人均能源消费的提高，所引起的二氧化碳排放量也会随之提高；而万元 GDP 人口数因素主要起到减少万元 GDP 二氧化碳排放量的作用，这是因为 GDP 的增长速度高于能源消耗所引起的二氧化碳排放量增长速度。（2）1995—2000 年间，北京、山东和河南的人均能源消费因素是负数，这说明这三个省市的人均能源消费量在这期间均有所降低。还要注意的是，1995—2000 年间，北京和河南的能源结构因素相对其他年间对万元 GDP 二氧化碳排放量的影响更为显著，它在一定程度上减小了相应地区的万元 GDP 二氧化碳排放量。检查对应时期的能源消费结构，发现引起这种变化的原因是因为北京的天然气使用量从 1995 年的 1.16 亿立方米上升到 2000 年的 10.9 亿立方米，而河南的煤炭消耗量从 1995 年的 5 591 万吨下降到 2000 年的 3 335 万吨。这说明使用天然气这种相对清洁能源或者减少煤炭使用量，对减少二氧化碳排放量是有益的。

这里进行的北京、全国及其他 8 省市的人均二氧化碳排放量和万元 GDP 二氧化碳排放量的技术经济分解结果表明：北京市的人均二氧化碳排放量和万元 GDP 二氧化碳排放量低于全国平均水平和国内其他省市水平，在各研究期间，北京市人均二氧化碳排放量略微下降，而万元 GDP 二氧化碳排放量持续下降。这意味着与其他 8 省市相比，北京在平衡促进 GDP 增长和控制二氧化碳排放方面成效显著。

六 北京低碳发展的战略目标及低碳发展模式

根据对北京低碳发展的成效的国内外比较及基于因素分解的技术经济分析，我们可以进一步研究北京到 2020 年的低碳发展战略目标及低碳发展模式。

（一）北京低碳发展模式的经济技术基础

对北京低碳发展现状和成效的技术经济比较分析表明：北京在未来十年内实施低碳发展模式还是具有一定的经济技术基础，具备建立国家级低碳示范城市的条件。

1. 北京低碳发展模式的经济技术基础，首先表现为其政治文化科研优势和经济技术资金优势。特别地，北京被选作低碳试点城市并会将试点方案纳入国家和地方的"十二五"规划，这有利于发

挥北京应对气候变化与节能环保、新能源发展、生态建设等方面的
协同效应，使北京低碳发展的优势转变为现实模式和政策选择。

2. 北京低碳发展模式的经济技术基础，还表现为其低碳发展
模式面临挑战。这些挑战包括：一是人口众多，居住集中，居民生
活及相关第三产业产生的能耗和碳排放比较聚集。二是能源生产和
消费结构不利于节能减排，在能源供给方面具体表现为能源生产结
构不合理，能源供应自给率底，对外依存度高；在能源需求和能源
价格调整方面，能源需求刚性增强，能源价格调整空间有限。三是
节能减排目标与治理传统污染物，特别是与水资源相关的传统污染
物的治理存在一定的矛盾。

（二）北京低碳发展的战略目标

对北京、全国和国内相关省市以及国外主要国际都市进行的低
碳发展特别是二氧化碳排放变动的因素分解表明：北京单位地区生
产总值能耗和二氧化碳排放量的变动，取决于化石燃料的排放系
数、能源消费结构、能源强度、人均地区生产总值和人口的变动。
根据国内外相关分解因素隐含参数，我们模拟了北京未来十年低碳
发展路径。按 2005 年 GDP 价格模拟，初步结果为：2015、2020
年，北京万元 GDP 能耗的参考目标应该分别为 0.516 吨标准煤、
0.426 吨标准煤，与 2005 年比较分别累计下降 35.5%、46.75%。

到 2020 年的北京低碳发展上述战略目标，假定北京将继续实
施《绿色北京行动计划（2010—2012 年）》中提出的符合低碳发
展理念的有关政策、措施和手段，推动低碳型结构升级、绿色消
费生活方式，推动北京初步建设成为生产清洁化、消费友好化、
环境优美化、资源高效化的绿色低碳现代化世界城市。同时，要
考虑借鉴和综合利用国际发达国家和主要国际都市的创新政策工
具组合。

第三节 北京市低碳发展 CGE
模型分析研究

一 作为规范政策分析工具的低碳发展 CGE 模型

一个经济体的低碳发展涉及经济、社会、人口、资源、环境等各个领域，是一项复杂的系统工程。不同的低碳发展政策具有不同的效应。有的政策有利于经济发展，但可能不利于节能减排；有的政策有利于节能减排，但不利于经济发展；有的政策组合的效应是放大的，有的政策组合的效应是相互抵消的。低碳发展 CGE 模型作为系统分析工具，能较好地模拟低碳发展不同政策综合运用对经济社会发展的组合效应，因此成为低碳经济政策决策支持系统中的主流分析工具之一。

二 应用低碳发展 CGE 模型的三种政策模拟分析

我们模拟了北京提高能源效率（5%）、增加电力投资（5%）和实施碳税（35 元/吨碳）对北京市能源消费、碳排放和经济发展的动态影响。这里关于提高能源效率的政策情景是外生的，可以有很多不同的方式来提高能源使用效率，如安装节能设备，优化生产管理与能源消费，改变家庭或企业的行为，包括及时关掉不用的电视或灯泡。这里关于增加电力投资的政策情景假设外生，因为电力作为清洁能源应该得到激励。这里关于碳税的假设情景具有示范意义，尽管碳税作为市场性政策工具尚未在中国引入。我们关于政策冲击的假设也是示范性的，可以采用不同的数值。

模拟结果表明：（1）提高能源效率有助于刺激消费、投资和经济增长，有助于节能减排。但是，对能源生产部门会产生不同的影响。因为提高能源效率会使北京当地能源价格下降，这意味着其他地方的能源价格相对提高，因此有利于脏能源外流。不同的能源供给由于具有不同的外部依存度而对北京当地的能源生产产生不同的效应。（2）增加电力投资有助于刺激消费、投资和大部分行业的经济增长，但电力部门会受到供给增加和价格下降的组合影响。一方面，电力供给增加会拉动煤炭和石油的消费；另一方面，电价相对下降会引致更多的电力消费，从而增加碳排放。（3）征收碳税有利于刺激电力等清洁能源的消费和生产、抑制煤炭和成品油等脏能源的消费和生产，因此对不同部门的经济增长产生不同影响。征收碳税会提高化石燃料的使用成本，因此有利于碳减排。总体来说，提高能效的技术进步和碳税都可以有助于减少碳排放，而更多的电力投资将会增加碳排放。在部门层次，碳税可以减少每个部门的碳排放，而其他两项政策则可能会使得某些部门的碳排放增加，另一些部门的碳排放减少。

三　关于节能减排政策补贴和碳税的组合模拟

一般而言，征收碳税虽然有助于减缓碳排放，但也会对经济发展产生不利影响。因此，碳税的实施应该结合通过扩大对节能减排的政策补贴而保持收入中性，因为节能减排补贴可以在激励有利经济活动的同时，降低能耗和碳排放的成本。而且，对于中国及北京市促进低碳发展来说，节能减排政策补贴较碳税都更实际和有效。

根据要求，我们调整和完善了北京市低碳发展 CGE 模型，引入节能减排政策补贴工具，模拟了征收碳税（提高 10% 碳成本）与节能减排政策补贴的三种政策情景的组合效应。其中节能减排政策补贴的三种情景假设为：电力投资补贴提高 5%、提高 10% 和电力清洁煤炭投资补贴都提高 10%。

模拟结果表明：（1）对煤炭和石油产品新增 10% 碳税，会对北京不同的煤炭开采和洗选业、石油炼焦及核燃料业、非金属矿采选业产生冲击，因此有利于节能减排。（2）如果结合碳税实施节能减排补贴，我们假设的节能减排三种政策情景都只能部分缓解征收碳税对经济增长的不良影响，但却可以显著提高节能减排效果。

四　基本政策含义

我国发展低碳经济的国家行动计划和北京低碳发展现状为北京实现其2010—2020年低碳发展战略目标提供了条件和基础，但也要求北京采取切实的政策、措施和手段实施低碳发展战略。国内外低碳发展政策实施的经验表明，北京要实现其2010—2020年间的低碳发展战略目标，必须根据可能的政策措施和手段的环境有效性、成本有效性、行政和政治上的可行性，综合运用多种低碳发展政策工具进行优化组合。

我们应用北京低碳发展CGE模型，就北京实施低碳发展战略备选的可量化政策工具进行了模拟。模拟结果及隐含的机制都意味着，北京要实现其低碳发展战略目标，关键要对适用政策措施和工具进行综合运用，这样才能发挥政策组合协同效应，改善低碳发展战略和政策实施的总体效果和效率。

第四节　2010—2020年北京市低碳发展的战略规划及措施建议

一　2010—2020年北京市低碳发展的战略目标

2010—2020年北京市低碳发展的战略目标，既取决于北京市低碳发展现状、制约因素和有利条件，又取决于国家行动计划和北京市低碳发展模式和政策选择。2005—2009年间，北京通过实施低碳发展战略，使北京万元地区生产总值能耗和二氧化碳排放量在国内省/直辖市层次上处于有利地位，万元GDP能耗由2005年的0.8吨标准煤下降为2009年的0.61吨标准煤，2009年相对于2005年万元GDP能耗累计下降24.43%，减排幅度在国内省/直辖市层次上也处于领先水平。

我们根据单位地区生产总值的能耗和二氧化碳排放量的决定机制及相应的化石燃料排放系数、能源消费结构、能源强度、人均地区生产总值和人口变动等进行参数校准和模拟，研究了北京未来十年低碳发展基准路径和目标情景。结合考虑北京产业结构、政治优势和科技优势，参考 2009 年中国政府确定的 2020 年国家减排目标和世界主要都市地区的减排目标，我们通过模拟建议：按 2005 年不变价计算，"十二五"、"十三五"期间 GDP 年均增长率参考目标分别为 9.66%、9.18%；相应地，"十二五"、"十三五"期间人均 GDP 年均增长率参考目标分别为 7.96%、7.60%；相应地，2015、2020 年北京万元 GDP 能耗的参考目标分别为 0.516 吨标准煤、0.426 吨标准煤，与 2005 年比较分别累计下降 35.5%、46.75%。

表 1.2   中国和世界一些主要城市可参考的减排目标

国家和世界主要城市	减排目标	行动方案
中国	到 2020 年使单位国内生产总值二氧化碳排放比 2005 年下降 40%—45%	2007 年，《中国应对气候变化国家方案》
伦敦	到 2025 年使 CO_2 排放比 1990 年再降低 60%.	2007 年，《伦敦应对气候变化行动计划》
纽约	到 2030 年使 CO_2 排放比 2005 年下降 30%。	2007 年，《一个更加绿化的、大纽约的行动》
东京	到 2020 年使 CO_2 排放比 2000 年降低 25%.	2007 年，《东京应对气候变化战略》
巴黎	到 2020 年使 CO_2 排放比 2004 年降低 30%。	2007 年，《巴黎气候保护计划》

资料来源：伦敦、纽约和东京，见 OECD（2010），《城市和气候变化》；巴黎，见 planclimat. paris. fr。

要实现这样的参考目标，"十二五"期间，北京万元 GDP 能耗需要降低 11.0%；"十三五"期间，北京万元 GDP 能耗需要降低 17.4%。如果实现这样的参考目标，到 2020 年，北京万元 GDP 二氧化碳减排幅度与 2005 年比较略高于国家减排目标上线（-45%）1.75 个百分点，北京单位 GDP 二氧化碳减排幅度在国内的省/直辖市层次上仍处于领先水平，具有示范意义，而且与国际上其他大都市相比也进入中等偏上水平。如果实现这样的参考目标，到 2020年，北京市应该基本变为"生产清洁化、消费友好化、环境优美化、资源高效化"的绿色低碳现代化国际都市。

二　2010—2020 年北京市低碳发展路径和模式

我们关于 2010—2020 年北京低碳发展的战略目标的模拟，隐含着北京低碳发展的路径和模式假设。

第一，关于 2010—2020 年北京低碳发展模式，我们隐含假设：未来十年，北京将继续实施《绿色北京行动计划（2010—2012年）》中提出的符合低碳发展理念的有关政策、措施和手段，推动低碳型结构升级、绿色消费生活方式，推动北京初步建设成为生产清洁化、消费友好化、环境优美化、资源高效化的绿色低碳现代化世界城市。同时，要考虑借鉴和综合运用国际发达国家和主要国际都市创新型政策工具组合。

第二，关于 2010—2020 年北京低碳发展路径，我们隐含假设化石燃料排放系数、能源消费结构、能源强度、人均地区生产总值和人口变动将基本遵循北京在"十一五"时期的变动路径和发展模式。这种路径依赖没有隐含技术、制度等的重大变革。这种路径依赖意味着北京市低碳发展仍然适宜采用以提高能源效率为主、其他手段为补充的节能减排发展模式。

我们通过关于人均二氧化碳排放、万元 GDP 排放历史的因素分解进行的技术经济分析表明：提高能源效率的节能减排模式可以在短期内更有效地促进低碳发展。我们应用 CGE 模型进行的反现实（counter-factural）性政策模拟表明：提高能源效率可以既促进节能产业的发展、带动经济增长，又减少经济发展过程中的能耗和二氧化碳排放，因此是更加成本有效（cost effective）的发展模式。

我们关于 2010—2020 年北京低碳发展路径和模式的假设，隐含强调了历史规律和路径依赖。因此，我们建议北京市加强其对

"十一五"规划实施效果的后评估，深化关于北京低碳发展的历史规律和国际经验的认识，以便促进关于北京"十二五"和未来十年的低碳发展战略规划和战略目标的合理制定。

三　2010—2020年北京低碳发展的指导原则和战略思路

（一）　北京市低碳发展战略实施的指导原则

北京市低碳发展战略要以贯彻落实科学发展观，建设"人文北京、科技北京、绿色北京"为统领，以《中国应对气候变化国家行动方案》为指针，结合北京国际大都市的特点，将应对气候变化与推进节能减排、促进城市可持续发展结合起来，以平衡控制温室气体排放、增强可持续发展能力为目标，把发展低碳产业、研发新能源、激励低碳行为和深化低碳管理作为一个有机整体，着力推进低碳发展战略的有效实施。

北京实施低碳发展战略，要根据国家发展低碳经济的行动方案，结合北京低碳发展实际情况和城市规划，坚持如下几个原则：

一是在可持续发展框架内坚持平衡低碳和发展的原则。既要遵守我国在应对气候变化问题中坚持的承担"共同但有区别的责任"等基本立场，积极结合北京特点在生产和消费方面控制温室气体排放，又要坚持发展权利，低碳发展作为一种模式其本质首先就是要发展。

二是在成本有效性框架内坚持市场机制和政府干预，推进低碳发展的原则。OECD（2009）在研究2012年之后减缓气候变化的政策和选择时强调了低碳发展的成本有效性原则。我们应用CGE模型进行的反现实政策模拟也表明：不同的政策在推进低碳和发展方面并非总是完全积极的，坚持成本有效性原则就要注意综合运用政策，发挥政策组合的协同效应，努力将低碳发展的外部性问题内部化。

三是坚持将北京低碳发展与北京城市规划中的区位功能和环北京地区低碳发展相结合原则。实施北京低碳发展战略，必须有利于北京城市区位功能发挥，必须与环北京地区的低碳发展协同促进。

四是坚持政府引导、企业主体、公众参与原则。既发挥政府的全局观和统筹规划、政策激励和约束功能，又发挥企业的技术创新和市场主体作用，还要激励公众参与，促进全社会生产、生活和消费方式改善。

五是坚持重点推进、机制体制创新原则。尤其是在政策规划、人才培养、节能产业、建筑、交通系统等方面应重点进行创新激励。

（二）北京市低碳发展的战略思路

根据北京市低碳发展战略目标和北京市低碳发展特点，同时借鉴国内外相关经验，提出以下七方面的低碳发展战略思路。

一是在战略层次建立和完善低碳发展的组织和制度保障。这涉及成立领导小组，协调多部门或多地区参与的组织机制；涉及低碳发展规划及统筹实施的制度保障。同时，发挥政府在低碳发展方面表率作用。

二是完善北京低碳发展中长期规划和相关财税金融政策支持。低碳发展作为一项长期性和综合性工程，除了要具有明确的阶段性战略目标之外，也需要结合项目实施进行低碳发展的系统性战略规划，通过强有力的财税金融政策支持保障低碳发展规划的实施。

关于低碳发展规划：（1）要注意项目和政策措施的系统性和前瞻性。（2）要分阶段明确各阶段分行业的低碳减排指标，将其纳入各行业的低碳发展规划。（3）低碳发展的项目实施和政策支持必须体现区域功能特点。规划要针对每个区域特点制定区域低碳发展中远期规划。

关于低碳发展的财税金融政策支持：（1）要积极创造条件开征碳税，对企业生产和居民生活发挥逆向约束作用，对低碳项目发挥正向激励作用。（2）要引入清洁能源现金返还机制，对于建筑、生活、生产中进行了节能改造，使用了清洁能源的企业、公共机构或家庭，按照清洁能源的使用量定期进行一定比例的资金补偿。

（3）要与银行等金融机构合作创新"绿色信贷"服务机制。鼓励金融机构将碳排放权减排额作为抵押物，来为环保企业进行融资，鼓励银行开办专项贷款支持节能减排技术改造和设备升级换代；鼓励银行开办排放权交易购买方专项贷款。在绿色信贷的操作上，鼓励银行采用"伯尔第斯原则"和"赤道原则"等国际银行业通行的操作指南在北京开展绿色信贷实践。（4）要积极推动绿色直接融资的平台建设，鼓励社会资金建立北京市绿色产业发展投资基金，同时加强环境交易所、林权交易所为基础的金融服务要素市场建设，创造条件推动碳配额交易或排污权交易市场发展。

三是创新低碳发展的政策执行机制。北京在低碳发展战略的实施过程中，要完善和创新政策机制，如法规引导机制、标准准入机制、价格调控机制、科技支撑机制、市场服务机制、评价考核机制、协调协作机制、社会参与机制等。此外，借鉴国外经验，北京市还可以考虑加强：企业自愿减排机制；低碳发展评估机制、生态受益区向生态服务区合理付费的生态补偿长效机制；以低碳建筑、低碳家庭、低碳生产和低碳社区为典型的示范推广机制；民间组织监督的机制。

四是通过产业政策措施大力促进低碳产业发展和工业、建筑、交通等重点领域节能工作。（1）要优先促进服务主导型、创新驱动型低碳产业，比如移动通信、计算机及网络、光电显示、生物产业、金融后台服务、文化创意产业等的快速发展。特别地，发展碳金融市场，培育碳金融产业；适度推进新能源产业发展。（2）要进一步优化北京市政规划和城市建设，着力推进"公交城市"建设理念，通过进一步完善道路规划和社区功能，来引导居民减少出行或"绿色"出行；通过进一步改善路网结构，加快智能交通管理系统建设，减少运输工具空驶率；通过加强有利于环保汽车行使的基础设施建设，推动混合燃料汽车、电动汽车等新能源汽车的使用，减轻交通运输对环境的压力。（3）要进一步加强建筑节能改造及相关政策支持。

　　五是通过能源政策推进可再生能源和低碳能源的利用。北京市可再生能源发展重点要放在太阳能、地热能和生物能领域。同时，应该通过积极的技术改造和基础设施建设引导能源供应和使用结构的低碳化。

　　六是通过低碳消费政策引导居民进行低碳消费。推动低碳消费，可以从三个方面努力。（1）积极倡导和宣传低碳消费理念，引导居民低碳生活和消费意识，发挥政府和公共机构在低碳消费方面的示范作用。（2）要研究建立和实施科学的碳标签制度。既鼓励消费者的低碳选择，又通过产业链和市场迅速反应到生产环节，刺激企业争取碳标签，降低产品的碳排放量。（3）要加强低碳社区和低碳家庭在居民生活中的示范建设，发挥其在低碳消费中导向作用。

　　七是通过低碳技术政策，支持低碳技术的研发、管理和服务类人才的培养。北京应采取措施加强低碳人才队伍的培养和建设。政府每年要拨出一定量的资金支持低碳人才培训计划。要积极鼓励国内有关科研院所合作，成立各种低碳技术研发机构，为低碳发展培养高级技术人才，并在高校的相关专业增加低碳技术和管理的课程，为低碳发展提供人才储备。要积极推动低碳人才对外交流活动，可以邀请国外专家和低碳技术人才来京举行学术讲座和培训，定期派遣工作人员到国外有关高校、科研机构或者政府部门进行低碳知识、技术和管理的学习和交流。

第二章

国外低碳发展的政策
经验与启示

"低碳经济"（Low Carbon Economy）的概念在政府报告中，最早见诸英国 2003 年能源白皮书《我们能源的未来：创建低碳经济》（*Energy White Paper：Our Energy Future—Create a Low Carbon Economy*），其后在 2007 年联合国气候大会最重要的决议"巴厘路线图"（Bali Roadmap）中被进一步肯定。2008 年，"转变传统观念，推行低碳经济"被定为世界环境日主题。在气候变化、资源短缺及金融危机等多重背景下，低碳经济已经成为全球发展的大潮流，国际社会已经越来越重视低碳发展的必要性，各国都在积极倡导发展低碳技术（Low Carbon Technology），流行低碳生活方式（Low Carbon Lifestyle），通过减少碳排放（Carbon Emission），降低碳浓度（Carbon Intensity），逐步建设低碳社会（Low Carbon Society），并采取措施以达成共识，将低碳发展纳入到各国政府乃至全球的决策之中。

所谓低碳经济，是一种低排碳、低耗能、低污染的经济模式。与传统经济发展模式相比，低碳经济是以保护环境和节约资源（能源）为核心、符合可持续发展理念的新型模式。低排碳要求"低碳化"发展经济，以降低温室气体排放强度；低耗能要求"高效化"利用能源，以降低能源消费强度；低污染要求实现自然环境"清洁化"，以降低环境污染程度。简言之，低碳经济是一种以"三低"（低排碳、低耗能、低污染）方式实现"三化"（低碳化、高效化、清洁化）的经济可持续发展模式。发展低碳经济，是指人类在生产、流通、消费和生活等各个领域进行的减少碳排放活动的总称。低碳经济是在可持续发展理念指导下，通过技术创新、制度创新、产业转型、新能源开发等多种手段，尽可能地减少煤炭石油等高碳能源消耗，减少温室气体排放，达到经济社会发展与生态环境保护双赢的一种经济发展形态。低碳经济的核心内容包括低碳产品、低碳技术和低碳能源的开发利用，其基础是建立低碳能源系统、低碳技术体系和低碳产业结构，建立与低碳发展相适应的生产方式、消费模式和鼓励低碳发展的国际国内政策、法律体系和市场机制，实质是高能源利用效率和高清洁能源结构问题。

低碳经济作为一种新的经济发展模式有以下特征：一是经济性，包括两层含义：（1）低碳经济应按照市场经济的原则和机制来发展；（2）低碳经济的发展不应导致人们的生活条件和福利水平下降。二是技术性，也就是通过技术进步，在提高能源效率的同时，降低 CO_2 等温室气体的排放强度。三是目标性，发展低碳经济的目标应该是，将大气中温室气体的浓度保持在一个相对稳定的水平上，不至于带来全球气温上升，影响人类的生存和发展，从而实现人与自然的和谐发展。今天的问题已不再是低碳经济转型是否必须，而是如何迅速并且以什么规模促进向低碳经济转型。

发展低碳经济，涉及面广、领域多，需要彻底转变思想观念和行为规范，正确处理当前发展与未来发展的关系，是一项复杂的系统工程和长期战略任务。从广义的角度看，一切有利于节能降耗减排、可再生能源和新能源开发利用的经济运行与生活方式的发展，都属于低碳经济发展的范畴。发展低碳经济必须动员全人类力量，长期坚持全面节约和全面减排战略，应用不断创新的低碳技术，全方位地提高能源系统效率，全过程地挖掘节能减排潜力，实现人类社会可持续发展。

第一节　主要国家和地区低碳
发展的政策和法规

一　美国低碳发展的政策和法规

(一) 美国低碳发展的政策和法规的背景及目标

美国作为世界上最大的发达国家，温室气体排放量也位居世界榜首。作为世界上温室气体排放量最大的国家，美国在发展低碳经济问题上的举措对国际社会的努力具有重要影响。在前任总统布什任期内，美国退出了旨在控制全球温室气体排放的《京都议定书》，令国际社会倍感失望。奥巴马总统执政以来，采取了与布什政府迥异的立场。面对全球金融危机，奥巴马选择以发展新能源作为化"危"为"机"、振兴美国经济的主要政策手段，积极推动国会对气候问题进行立法。事实上，在金融危机的影响下，低碳技术与新能源经济已经成为美国经济振兴计划的重要战略选择。

近二十年，美国十分重视节能减碳相关的法律法规建设。例如，美国1990年实施了《清洁空气法》，2005年通过了《能源政策法》。2009年1月，奥巴马宣布了"美国复苏与再投资计划"，将发展新能源作为投资重点，计划10年内投入1 500亿美元，用3年时间使美国新能源产量增加1倍，到2012年使新能源发电占总能源发电的比例提高到10%，到2025年使这一比例提高到25%。2009年6月，美国完成了《美国清洁能源与安全法案》，用立法的方式提出了建立美国温室气体排放权（碳排放权）限额交易体系的基本设计。《美国清洁能源安全法案》的通过将转变美国生产和能源利用的方式，将促进美国经济的战略转型，也有利于美国经济在较长时间内仍继续领先全球，因为在创造清洁能源经济方面领先的国家也必将领导21世纪的全球经济。

美国2009年在哥本哈根气候变化大会上承诺，到2020年使温室气体排放量在2005年的基础上减排17%，到2025年减排30%，到2030年减排42%，到2050年减排83%。美国政府在寻求一个综合平衡和对环保有利的能源安全长期战略中，把发展低碳经济作为美国未来的重要战略选择。

（二）美国低碳发展的政策和法规的主要内容

美国政府低碳经济政策可以进一步分为节能增效、开发新能源、应对气候变化等多个方面。其中，新能源的开发是核心；为应对气候变化，美国力求通过一系列节能环保措施大力发展低碳经济。

1. 能源与环境政策法规

美国通过能源和环境方面的政策调整来发展低碳经济。相应的主要政策措施包括以下几个方面。第一，在能源战略转型方面，为美国家庭提供短期退税，应对日益上涨的能源价格。未来10年，美国将投入1 500亿美元资助替代能源研究，并为相关公司提供税务优惠，有助于创造500万个就业岗位。大幅减少对中东和委内瑞拉石油的依赖。支持强制性的"总量管制与排放交易"制度，在美国推行温室气体排放权交易机制，力争使美国温室气体排放量到2050年比1990年减少80%。第二，在电力方面，美国计划到2012年使发电量的10%来自可再生能源等，到2025年使这一比例达到25%，并推进智能电网计划。第三，在新能源技术方面，美国计划用3年时间将风能、太阳能和地热发电能力提高一倍。为此，美国政府将大量投资绿色能源——风能及有着广阔前景的新型沙漠太阳能电池板、核能。

2. 技术政策

2006年9月，美国公布了新的气候变化技术计划。美国将推动在新一代清洁能源技术方面的研发与创新，尤其是将提供资金用于开发燃煤发电的碳捕获与碳封存技术，并鼓励可再生能源、核能以及先进的电池技术的应用，通过减少对于石油的依赖来确保国家的能源安全和经济发展。2009年，美国出台了"美国复苏与再投资计划"，计划投资总额达到7 872亿美元，并将发展新能源作为重要内容，包括发展高效电池、智能电网、碳捕获与碳封存、可再生能源（如风能和太阳能）等。

为了规范实体经济执行其可能面临的限排义务，还设定了一个"技术加速付款"（TAP）价格。技术加速付款的价格会给许可的价格提供一个最高限制。技术加速付款的价格为 2012 年每吨二氧化碳 12 美元，并且根据通货膨胀每年增长 5%，到 2030 年会增加到 25.07 美元。许可的份额会分配给农业的碳捕获与碳封存。

美国政府发展清洁煤更是不遗余力，在《清洁空气法》、《能源政策法》的基础上提出了清洁煤计划，推动先进清洁煤技术从研发阶段转向示范阶段和市场化阶段。政府通过"煤研究计划"支持能源部国家能源技术实验室进行清洁煤技术研发，开发创新型污染控制技术、煤气化技术、先进燃烧系统、汽轮机及碳捕获与碳封存技术等。政府通过"清洁煤发电计划"支持企业与政府建立伙伴计划，共同建设示范型清洁煤发电厂，对具有市场化前景的先进技术进行示范验证；通过税收优惠等政策措施，对经过示范验证可行的先进技术进行大规模商业化推广，通过税收补贴使新技术的生产成本具有市场竞争力。随着旧电厂逐步退役，美国决定逐步提高新建电厂的低碳标准，推动高效清洁煤炭技术的商业化，加速下一代发电技术的研究、开发及示范，计划在 2012 年建成世界上第一个零排放煤炭发电厂（称之为"未来发电"）。

3. 产业政策

全球金融危机以来，美国选择以开发新能源、发展低碳经济作为应对危机、重振美国经济的战略取向，其长远目标就是摆脱对外国石油的依赖，促进美国经济的战略转型。奥巴马上任之后，美国政府提出了在 7 872 亿美元经济刺激计划当中，将发展新能源作为摆脱经济衰退、创造就业机会、抢占未来发展制高点的重要战略产业。

4. 财政税收政策措施

美国作为最大的发达国家和碳排放量最多的国家，把实行"绿色"财政刺激措施作为向低碳化转型的重要战略。奥巴马政府在2009 年 2 月 17 日正式通过了"美国复苏与再投资计划",实施总额为 7 872 亿美元的经济刺激政策。其中大约 580 亿美元投入到环境与能源领域,占总投资的 7.36%。

（1）财政直接投资

①加大对低碳型社会基础设施以及节能改造的投资。②实行绿色能源投资计划,即从 2009 年开始,今后 10 年对绿色能源领域投资 1 500 亿美元。③加强低碳技术研发投资,从 2009 年开始 10 年内,每年向可再生能源、清洁煤技术、二氧化碳回收储藏技术、环保车等低碳技术投资 150 亿美元。④加大对新能源及可再生能源的研发、利用,注重节能改造以及相关领域专业人才的教育、培训。

（2）财政补助

采用财政补贴促进能源节约、可再生能源的使用是美国促进低碳经济发展的重要内容。例如,对州政府提高能源效率的节能项目提供补助;对可再生能源发电系统以及氢气燃料的电池的开发商提供融资担保和补助;对大学、科研机构、企业的可再生能源研发提供补助;对节能家电商品购买者提供补助;向大量销售最佳节能电气的零售商提供财政补贴等。

（3）实施相关税制

美国的生态税收制度为促进低碳经济发展起到了重要作用。例如,实施汽油税可以鼓励广大消费者使用节能型汽车,减少汽车废弃物的排放;开征能源开采税可以抑制资源过度开采,据估计,可减少约 10%—15% 的石油开采量。此外,在抑制二氧化碳排放方面,美国虽然还没有开征真正意义上的碳税,但美国各州政府都根据当地的实际情况,分别制定了地方节能产品税收减免政策。

美国一些州正在考虑或者正在征收碳税。例如,2006 年 11 月美国科罗拉多州的博尔德市对电力生产征收了"碳税"。该税是针对电力消费的,但不包括可再生能源（主要是风能）产生的电能。目前税率为居民用户每千瓦 0.004 9 美元（平均每年 21 美元）,商业用电为每千瓦 0.000 9 美元（平均每年 94 美元），工业用电每千瓦 0.000 3 美元（平均每年 9 600 美元）。由于征收此项税赋，商业和居民都会减少用电量，或者会采用太阳能和风能。2008 年 5 月开始，旧金山海湾地区 8 个县的企业都需要根据其温室气体排放征收每吨二氧化碳 4.4 美分的碳税，为将来开征碳税打下了良好的基础。2010 年 5 月，蒙哥马利和马里兰通过了国家首个区域的碳税。碳税征收对象是那些每年排放超过 100 万吨碳氧化物的企业，税率为每吨二氧化碳 5 美元。只有一个公司符合征税要求，该公司是麦郎集团下的一个拥有 850 兆瓦的火电厂。碳税预计会给该地区带来 1 亿美元到 1.5 亿美元的收入，而该地区的财政预算面临着接近 10 亿美元的缺口。规划将碳税收入的一半用于为该地区居民提供低息贷款，帮助他们提高能源利用效率。

（4）税收优惠

美国采取各种税收优惠政策，从碳减排、可再生能源、节能、鼓励出口等方面促进低碳经济发展。①鼓励碳减排的优惠。如新型煤炭技术项目投资抵免和煤气化投资抵免等。②鼓励可再生能源的税收优惠，主要是对可再生能源的投资、生产和利用给予税收优惠抵免。例如，对可再生能源的投资实行三年的免税措施；对小型风力发电设备投资给予税收抵免；利用可再生能源发电每千瓦时可获 1.5% 的税收抵免；对太阳能和地热能设备投资额的 10% 可获得税收抵免；提高住宅能效利用设备投资的税收抵免等。美国联邦政府 1978 年出台了《能源税收法》，对购买太阳能和风能能源设备所付金额中前 2000 美元的 30% 和其后 8 000 美元的 20% 的金额，可从当年须交纳的所得税中抵扣。美国亚利桑那州 1999 年颁布的有关法规中，对分期付款购买回收再生资源及污染控制型设备的企业可减销售税 10%。③鼓励替代能源开发利用的优惠，如生物柴油和可再生柴油可获得税收抵免，延长和调整替代能源的税收抵免，机动车能源转换装置的税收抵免。④提高能源效率的优惠，如商用节能建筑、新节能住宅、提高住宅能效利用设备等方面的税收抵免。⑤

鼓励节能的税收优惠，如对购买符合条件（节能环保型）机动车允许在计征州税和联邦消费税时提高扣除额；扩大对家庭节能投资的减税额度（每户上限 1 500 美元）等。⑥鼓励出口的税收优惠。为确保美国产业的国际竞争力，对能耗大且生产的商品在全球范围内交易的产业部门，提供"退款"或"退税"的制度，以弥补实施排放权交易制度所带来的成本，从而确保美国制造商与国外企业竞争时不会陷入不利的地位。

5. 金融信贷政策/市场交易政策

（1）提供信贷支持

在美国，商业银行在环境保护等社会公益事业中承担社会责任是法律明文规定的。美国国内各银行与社会环境部门数据共享，建立有效的信息沟通机制。此外，在美国严格的法律环境下，信贷银行需要对信贷资金的使用承担相应的环境责任，由此导致美国的银行成为国际上最先考虑环境政策，特别是与信贷风险相关的环境政策的银行。例如，美国的花旗银行就是美国最早签署联合国环境声明和履行"赤道原则"的银行之一，并在内部建立了有多方参与的环境事务管理机制；美洲银行曾宣布了一项投资额度高达 200 亿美元的绿色商业发展项目，这可能是有史以来最大的一项环境友好项目。该项计划的主要目标是减少能源消耗、发展控制温室气体排放的新技术。美洲银行宣称未来一段时期里，还将创立基金为那些致力于绿色服务的公司提供贷款或建造节能写字楼；同时建立消费者与环境保护的桥梁，帮助消费者为环保组织提供捐赠，为节能家庭降低贷款利率等。

（2）碳交易及其衍生品

2007 年 7 月美国参议院提出 S. 1766 法案，也就是《低碳经济法案》，建议通过限额交易体系管理温室气体（GHGs）的排放。在《低碳经济法案》中温室气体包括石油燃料的二氧化碳、氟化气体以及在己二酸和一酸生产中产生的氮氧化物。其他温室气体的排放体，包括其他氮氧化物和甲烷的排放都是直接有限额的。美国众议院通过了旨在降低美国温室气体排放、减少美国对外国石油依赖的《美国清洁能源与安全法案》，用立法的方式提出了建立美国温室气体排放权（碳排放权）限额交易体系的基本设计。①建立全面的温室气体总量管制与排放权交易体制，以减少二氧化碳排放量。按照设计，大约四分之三的排放许可会分配给各个排放实体，如制造业、州政府等；剩下的许可会被拍卖，而且拍卖的比例会不断加大。在拍卖的份额中，一半是当年的许可，另一半是 4 年后的许可；许可不仅可以交易，还可以存入银行等未来再用。许可证销售每年可收入 75 亿美元，为投资方案带来很好的回报。从 2012 年起 10 年内，将该制度实施所产生的收益转投资于低碳技术创新。②实行碳定价政策。其重要内容之一是立即取消联邦政府对销售石油和天然气行业的所有补贴。目前这些补贴每年至少 60 亿美元。③为了帮助节能产品扩大市场份额，制定"政府节能采购指南"，指导各部门在采购过程中选择能源效率更高的产品。④对农业部门的碳收集也有相应的刺激和鼓励措施。

　　美国芝加哥气候交易所（CCX）成立于 2003 年，是全球第一个也是北美地区唯一的自愿性参与温室气体减排交易，并对减排量承担法律约束力的先驱性组织和市场交易平台。芝加哥气候交易所由会员自行设计和治理，自愿形成了一套交易规则。交易所的会员自愿但从法律上联合承诺减少温室气体排放。芝加哥气候交易所要求会员实现减排目标，即要求每位会员通过减排或购买补偿项目的减排量，做到在 2003—2006 年间每年减少 1% 的排放；并保证到 2010 年所有会员将实现 6% 的减排量。通过芝加哥气候交易所，企业可以获得额外利润，即向股东、评议机构、市民消费者和客户展示关于气候变化的战略远景；及早采取具有信用度的减排和认购补偿行动，会使企业在同行业中的领导地位获得认同。芝加哥交易所现有会员近 200 个，分别来自航空、汽车、电力、环境、交通等不同行业。芝加哥气候交易所于 2004 年在欧洲建立了分支机构——欧洲气候交易所；于 2005 年与印度商品交易所建立了伙伴关系；此后，又在加拿大建立了分支机构——蒙特利尔气候交易所。

6. 低碳消费政策

在建筑方面，美国能源部支持绿色建筑协会推行以节能为主旨的《绿色建筑评估体系》。美国将大规模改造联邦政府办公楼，包括对白宫进行节能改造。将推动全国各地的学校设施升级，通过节能技术建设 21 世纪的学校。要对全国公共建筑进行节能改造，更换原有的采暖系统，代之以节能和环保型新设备。

在汽车方面，美国将促使政府和私营行业大举投资混合动力汽车、电动车等新能源技术，减少美国的石油消费量。以 7 000 美元的抵税额度鼓励消费者购买节能型汽车，动用 40 亿美元的联邦政府资金来支持汽车制造商，力争到 2015 年实现美国的混合动力汽车销量达到 100 万辆的目标。

二　美国加州低碳发展的政策和法规

（一）加州低碳发展的政策和法规的背景及目标

1. 政策和法规的背景

加州政府对低碳发展的政策关注最早可追溯到 1988 年，当年通过 AB4420 法规要求加州能源委员会研究气候变化对加州的影响，并制作一份温室气体排放清单。2000 年，根据 SB1771 法规建立了加州气候行动注册系统，允许公司、城市和政府机构自愿记录它们在可能采取的节能减排项目中预计的温室气体排放水平，并以此奖励在减排方面早期做出行动的组织。2002 年，AB1493 法规被通过，要求加州空气资源委员会制定规定，减少在加州出售的旅客运输车辆、轻型货车和非商业车辆的温室气体排放。

2. 低碳发展目标

2005 年，加州州长签署了 S－3－05 法令，要求加州到 2020 年减少温室气体排放至 1990 年的水平，到 2050 年减少温室气体排放至 1990 年的 80% 的水平。2020 年的目标是主动性的、可达到的中期目标；2050 年的目标代表科学家相信可以稳定气候的排放水平。根据该法令成立了由环境保护机构为主导，运输、能源、住房、食品和农业、森林、水资源等 12 个部门组成的气候行动小组，帮助协调和指导温室气体排放和能源效率问题。

2006 年，加州议会和州长签署了 AB32 法案——《全球变暖解决法案 2006》。这一法案将 2020 年温室气体减排目标写入法律。它指导空气资源委员会提早行动减少温室气体排放，同时编制范围计划（Scoping Plan）识别如何更好地达到 2020 年的目标。这些为了实现 2020 目标的减排措施，需要在 2012 前生效。

范围计划包括：（1）加州在温室气体排放方面早期要采取的主要战略；（2）一系列关于减少温室气体排放的行动计划，如直接的规定、可选择遵守的机制、货币和非货币化激励措施、自愿性行动计划，以及包括总量排放限制和交易的市场基础方案，等；（3）自身执行相关计划的具体方案。范围计划内容在 2007 年 11 月 30 日和 2008 年 4 月 17 日通过四个讨论会向外进行了介绍；在 2008 年 6 月 26 日向外公布了草案并接受公众的审查和评论；在 2008 年 7 月和 8 月举行了更多的研讨会。最终方案在 2008 年 11 月 15 日予以公布，并在 2008 年 12 月 12 日通过议会听证。

（二）加州低碳发展的政策和法规的主要内容

1. 能源政策

能源政策主要包括研发可再生新能源和提高能源使用效率两个方面。加州法令规定，至 2020 年可再生能源比例需要达到 33%。加州在绿色能源投资方面目前高居全美第一。2006 年的 SB1368 法规建立了基地在加州并为加州服务的发电领域投资的温室气体排放绩效标准。这一法律通过限制加州公用事业单位建立新的碳密集型或进入新的高碳资源的电力合同，鼓励加州公用事业单位向清洁能源转变。已经存在的与煤发电厂的公用事业合同到期之后，将会被新的更低温室气体排放水平的资源代替，从而减少温室气体排放。这些减排将减少公益事业需求，为遵循总量限制和交易项目提供补偿。

从 2006 年颁布《防止气候变暖法》至 2008 年，加州在绿色能源领域的投资约 66 亿美元，比名列第二的马萨诸塞州多出约 5 倍。2007 年，加州就有 1 万多家清洁能源企业开张。在所有可再生能源中，加州特别重视太阳能的开发。2007 年起，加州政府全面支持新的太阳能光电计划。加州能源委员会通过了一项 4 亿美元的预算支持"新太阳能住宅伙伴项目"，目标是为新修建的住宅装设太阳能。加州的新能源计划取得了显著的效果，据加州公共事业委员会发布的报告，加州 2008 年使用的可再生能源产能比 2007 年翻了两番。尽管加州传统上也比较重视风能和地热能，但自 2006 年《防止气候变暖法》通过以来，加州越来越依靠太阳能以实现温室气体减排。以 2008 年为例，太阳能发电投标比上一年增加了 30%，而风电计划却下降了一半，地热能投标申请非常少。根据加州公共事业委员会的数据，太阳能比其他两项计划更有前景。

2. 产业政策

（1）交通行业政策

交通在加州二氧化碳排放中占了最大的份额，为 41%。加州政府提出的"绿色交通战略"有助于加州大幅度地减排二氧化碳。加州对交通工具和交通燃油设定了诸多标准以限制排放，并禁止大排量汽车和高碳燃料在加州出售。此外，加州还大力提倡使用城市公交系统和轻轨系统，减少道路使用，以达到减排目的。2009 年 4 月，加州能源委员会通过了一项 1.6 亿美元的绿色交通计划。该计划将于未来两年内投资 1.76 亿美元推进绿色交通项目，这些投资主要包括：4 600 万美元用于纯电动汽车、公共充电站、制造工厂，4 300 万美元用于天然气汽车、加注站和生物甲醇工厂，4 000 万美元用于氢燃料加注站，1 200 万美元用于先进乙醇燃料工厂和 E85 加注站，600 万美元用于先进可再生生物柴油工厂，200 万美元用于丙烷汽车。

（2）建筑行业政策

加州在建筑方面的主要政策手段是建造节能住房。加州大力提倡住房节能，建造绿色住房，修建更加密闭的屋顶和窗户，更新家用供暖系统，使用节能灯。2004年，加州S220204法令要求推行一项"绿色建筑倡议"的计划，大力发展节能住房。该法令要求到2015年加州住房节能20%。此外，加州还实行了一项"百万太阳能屋顶规划"，计划投资2.9亿美元，截至2018年为一百万户住户房顶安装太阳能系统。2009年11月，加州颁布法案要求加州能源委员会建立一套规制程序，开发和执行为当前的居民和非居民建筑物提高能源使用效率的程序（建筑物的能源使用占到美国温室气体排放的48%），从而使得这些建筑物的能源节约到2010年底能够达到一定标准。主要内容包括：要求公用电力公司在未来10年每年为建筑物能源节约制定目标，并要求能源委员会采取措施提高能源效率，比如对现有建筑物能源消耗进行评估、提高能源效率、公共和私有领域提供能源效率融资选择、进行公众的宣传与教育、提供绿色劳动力培养等。

（3）为中小企业节能减排提供帮助

空气委员会的早期行动方案之一，是在AB32法令的执行过程中，开发旨从技术和财务上帮助中小企业的在线一站式"工具箱"。工具箱元件包括：①评估企业碳足迹的具体计算器；②度量温室气体自愿排放清单协议；③在能源、运输、建筑、购买和回收方面推荐最好实际做法；④说明加州已经减少温室气体排放的中小企业如何做的案例研究；⑤项目融资来源；⑥同行领域机会；⑦为认可企业温室气体减排的奖励项目；⑧系统地监测和管理企业的碳排放量。

2001年，加州成立注册处，推行能效与碳注册系统。该系统通过签订协议、记录排放量、第三方认证，以及核实后网上公布等流程，有效地促进了加州及北美地区近年来对企业碳排放量的监测和管理。

3.财政金融政策

在财政税收政策方面，2006年加州通过的AB-32法案规定加利福尼亚减少废气排放。加州空气资源委员会希望推行碳税，但是未能与西部石油协会达成一致。西部石油协会（WSPA）只同意征收碳管理费。

在金融类政策方面，加州和整个西海岸州合作，实施总量限制与交易机制。

4. 低碳消费政策

（1）积极开发项目和提供技术，鼓励民众参与节能减排活动

如开发无线监视装置，实时了解家庭电力消耗情况以及造成的成本，帮助民众减少电力消耗和节约成本。同时，加州也是全美第一个通过立法限制电视机耗电上限的州，要求所有电视机在处于待机状态时耗电量不得超过1瓦特。

（2）限制在消费品中使用高全球变暖潜能值的成分

2007年10月25日，空气资源委员会批准了一系列早期行动措施以减少温室气体排放。减少在消费品中使用高全球气候变暖潜能值（GWP）的成分是其中的措施之一，同时在2008年该委员会批准"范围计划"也成为该州综合战略的一部分。限制在消费品中使用高GWP的成分是一项长期的努力。

5. 低碳社会行动

（1）打造绿色社区

加州S375法令要求在全加州打造绿色社区。该法令要求加州空气资源局研究加州各个地区的排放状况，并提出加州居民住房建筑的区域规划，即"加州可持续发展社区战略"。该战略的核心是力所能及地在娱乐、购物、教育、道路等各种配套功能建设上减少人们对道路的使用，以减少排放。该战略要求加州住房规划应该与绿色交通计划相联系，控制郊区的无限制性扩展，鼓励民众在工作地点附近置房，缩减上班的距离，甚至创造"步行社区"。该战略还要求政府提供更详细的住房信息，以方便普通民众选择更佳的住房地点。

（2）强化低碳意识

到 2010 年，加州将把气候变化教育作为学校课程列入州新的 K – 12 示范学校的教学计划（AB1548）中。同时，将给年轻人扩展知识和机会，鼓励其参与促进社区环境健康活动。同时，空气资源委员会的教育通过"凉爽加州"网页（www. coolcalifarnia. org）和利用加州气候冠军项目对学生教育者进行持续的支持。此外，空气资源委员会也依赖遍布全州的伙伴，为 K – 12 学校、社区大学、贸易技术培训项目和四年制大学的项目开发和展示提供相关课程选择。

（3）建立良好合作机制

在意识到区域伙伴在气候变化问题上的价值之后，加州、华盛顿州和俄勒冈州州长在 2003 年创立了包含这些州共同参与的气候变化相关项目条款的西海岸全球气候变暖行动计划。此后，加州与美国六个西部州和 4 个加拿大省份通过密切合作，于 2008 年 9 月达成了《西部气候倡议》。该倡议书是一个强制性的排放贸易制度。在该计划下，各独立工作的州展开合作，共同识别、评估和执行政策以在区域水平应对气候变化。应对努力包括：减少温室气体的威胁；刺激新绿色技术的增长；帮助建立强大的清洁能源经济；以及减少对化石能源的依赖。

（三）加州低碳发展的主要政策经验

1. 政策目标和措施的自主性和前瞻性。加州低碳政策的最大特点是自主性，尽管加州没有像主权国家一样受到来自国际社会的压力，但加州自主制定了具有一定前瞻性的温室气体减排目标和为实现这一目标而必要的政策措施。

2. 设立明晰的低碳组织架构及部门。加州低碳政策的制定和实施的主导部门是加州空气资源委员会及地方空气资源管理机构，同时于 2005 年成立了包括自然资源局、司法部、能源局等数十个部门在内的一个多部门联合气候行动小组。各相关部门间密切合作，共同参与，充分发挥各部门的职能优势，在政府层面上统一研究和制定低碳政策，在一定程度上保证低碳政策的科学性与公正性。

3. 政策措施的细致性。主要体现在加州的气候治理比较重视细节，大到宏观的绿色经济转型和可再生能源开发，小到节能灯泡、节能窗户和节能电视机的使用。每一步均有详细的评估和计划。同时在执行节能减排措施时注意进行经济影响评估，尽量使得政策措施不增加企业的成本。

4. 制定完善的低碳法律法规。加州是最早对温室气体控制进行立法的地区。满足加州温室气体减排目标将会影响其他众多重要领域，如经济增长、可负担的能源价格、环境公平等。在考虑到对这些领域的影响的前提下，加州制定了一系列低碳法律法规。如环保法令 S-3-05、《全球温室效应治理法案》等。

5. 系统地监测和管理企业碳排放量。

6. 与其他州建立良好合作机制。

三 欧盟低碳发展的政策和法规

（一）欧盟低碳发展的政策和法规的背景及目标

欧盟一直是气候变化的倡导者，积极推动温室气体减排的国际行动，也是推动全球发展低碳经济的最重要的力量。近些年来，欧盟将低碳发展看作"新的工业革命"，并采取了一系列有效的措施促进低碳发展，以带动欧盟经济向高能效、低排放的方向转型。

2008 年底，欧洲议会通过了欧盟能源气候一揽子计划，包括欧盟排放权交易机制修正案、欧盟成员国配套措施任务分配的决定、碳捕获和储存的法律框架、可再生能源指令、汽车二氧化碳排放法规和燃料质量指令等内容。该计划规定欧盟到 2020 年，使其温室气体排放量在 1990 年水平上减少 20%，并且若其他主要经济体也能承担相应的挑战性责任，则愿意在 1990 年水平上减少 30%；到2050 年，将使其温室气体排放量在 1990 年水平上减排 60% 至 80%。

（二）欧盟低碳发展的政策和法规的主要内容

1. 能源与环境政策法规

2006 年 3 月，欧盟委员会发表了《欧盟能源政策绿皮书》，提出鼓励能源可持续性利用，发展可替代能源，加大对节能、清洁能源和可再生能源的研发投入。2006 年 10 月，欧盟委员会公布了《能源效率行动计划》，该计划包括降低机器、建筑物和交通运输造成的能耗，提高能源生产领域的效率等 70 多项节能措施。该计划还建议出台新的强制性标准，推广节能产品。

2007 年 1 月，欧盟委员会通过一项新的立法动议，要求修订当时的《燃料质量指令》，为用于生产和运输的燃料制定更严格的环保标准。根据该动议，从 2009 年 1 月 1 日起，欧盟市场上出售的所有柴油中的硫含量必须降到每百万单位 10 以下，碳氢化合物含量必须减少三分之一以上；同时，内陆水运船舶和可移动工程机械所使用的轻柴油的含硫量也将大幅降低。根据该动议，从 2011 年起，燃料供应商必须每年将燃料在炼制、运输和使用过程中排放的温室气体在 2010 年的水平上减少 1%，到 2020 年整体减少排放10%，相当于减少二氧化碳排放 5 亿吨。

2. 技术政策

在平衡和协调各成员国的基础上，2008 年 2 月，欧盟运输、通信和能源部长理事会在布鲁塞尔通过了欧盟委员会提出的《欧盟能源技术战略计划》，其目的在于促进新的低碳技术研究与开发，以实现欧盟确定的气候变化目标。该计划包括欧洲风能启动计划、欧洲太阳能启动计划、欧洲生物能启动计划、欧洲二氧化碳捕集、运送和贮存启动计划、欧洲电网启动计划、欧洲核裂变启动计划。

该计划同意在以下方面采取措施：在能源工业领域增加财力和人力投入，加强能源科研和创新能力；建立欧盟能源科研联盟，以加强大学、研究院所和专业机构在科研领域的合作；改造和完善欧盟老的能源基地设施以及建立欧盟新的能源技术信息系统；建立由欧盟委员会和各成员国参加的欧盟战略能源技术小组，以协调欧盟和成员国的政策和计划。该计划将鼓励推广包括风能、太阳能和生物能源技术在内的"低碳能源"技术，以促进欧盟未来建立能源可持续利用机制。

2008 年底，欧洲议会通过了欧盟能源气候一揽子计划，规定各国设定限制性目标，从而使到 2020 年欧盟可再生能源使用量占欧盟各类能源总使用量的 20%；鼓励使用"可持续性的"生物燃料；到 2020 年将能源效率提高 20%。该计划还包括了提供 12 个碳捕获与碳封存试点项目——利用创新技术收集电厂排放的二氧化碳并将其埋入地下。这些试点项目资金将来源于碳交易收益。预计到 2020 年，碳交易能带来几百亿欧元的收入。

欧盟各国积极响应欧洲议会通过的欧盟能源气候一揽子计划。例如，英国的长期目标是到 2020 年使二氧化碳排放量在 1990 年基础上减少 30%，到 2050 年减少 60%。法国考虑创造"零碳经济"。瑞典大力推行"环保车计划"。德国将环保技术产业确定为新的主导产业，进行重点培育，并计划到 2020 年使环保技术产业成为第一大产业。丹麦则在全球率先建成了绿色能源模式，成为世界低碳经济发展典范，形成了由政府、企业、科研、市场的关联互动的绿色能源技术开发社会支撑体系。

3. 财政税收政策

（1）财政直接投资

为使欧盟成为低碳技术领域的世界性领袖，近年来，欧盟实施以政府为主导的低碳产业格局，加大政府直接投资的力度。2009 年 3 月，欧盟委员会宣布在 2013 年之前投资 1 050 亿欧元支持欧盟地区的"绿色经济"，促进就业和经济增长，保持欧盟在"绿色技术"领域的世界领先地位，款项全部用于环保项目以及与其相关的就业项目，其中 540 亿欧元将用于帮助欧盟成员国落实和执行欧盟的环保法规，280 亿欧元将用于改善水质和提高对废弃物的处理和管理水平。此外，加大对可再生能源、节能、环保汽车、智能电网等的财政投入，仅 2008 年 7 月至 2009 年 2 月就投入 466 亿美元

（蔡林海，2009）。

（2）制定相关税制

欧洲主要国家从20世纪90年开始引入碳税，根据二氧化碳的排放量对商品和服务进行课税。这些国家包括：丹麦、芬兰、德国、意大利、荷兰、挪威、斯洛文尼亚、瑞典、瑞士和英国。但是，这些国家到目前并没有引入所有行业统一的燃料碳税。在1990年代，欧盟就已经提出碳税或能源税，但是由于各行业的反对而没有实施。瑞典、荷兰和丹麦等北欧国家率先从20世纪90年代初期引入"地球变暖对策税"。在1999年，德国、英国和意大利等经济规模较大的欧洲国家开始引入相关税制如碳税、能源税、气候变化税等。2007年6月，荷兰财政部又专门针对二氧化碳排放量每公里超过200克和240克的柴油与汽油发动机汽车，实施每公里多排放1克二氧化碳就征收80欧元—90欧元的附加税。2010年，欧盟委员会希望在全欧盟范围内执行一个关于污染许可的最低税，形成一个欧盟的温室气体排放交易系统（EU ETS），在这个体系中碳税将根据碳含量而非体积来计算。如果这样，即使高能燃料有很高的碳含量，但是可以不承受传统的低价。根据欧盟委员会的计划，建议每吨碳排放征收的最低税率为每吨二氧化碳4到30欧元，或者每加仑0.04到0.3美元。此外，一些欧洲国家还开征生态税，如德国，除风能、太阳能等可再生能源外，对其他能源如汽油、电能、矿物等都要收取生态税，间接产品也不例外。开征生态税有利于引导生产者的行为，促进生产商采用先进的工艺和技术，进而达到改进消费模式和调整产业结构的目的。

（3）税收优惠

欧盟最早实施减税和退税的优惠措施，鼓励节能、替代能源及可再生能源的利用。例如，奥地利对环保领域投资实施免资本税，空气污染控制设备实施所得税、固定资产税减免。挪威对旨在降低废气排放量的投资免投资税。葡萄牙对利用太阳能、地热、其他形式的能源、利用垃圾生产能源的工具或机器实施增值税扣减5%。此外，法国对空气净化器的电动车（船）、节能设备投资则进行加速折旧，瑞士对节能、新发热设备、太阳能设备进行加速折旧。

4. 金融信贷政策/市场交易政策

（1）碳交易制度

欧洲主要国家在2000年前后引入了碳交易制度。2005年，欧盟又率先实施排放交易制度，允许在欧盟区域内实施减排量交易机制。欧盟排放交易体系涵盖了欧盟25个成员国，以强制性的方法纳入了1.2万个排放实体，其中包括炼油厂、发电量超过20兆瓦的电厂、钢铁厂、水泥厂、玻璃厂以及造纸厂等，共占欧盟地区温室气体排放量的一半以上。

欧盟排放交易机制的实施被分为2005—2007年、2008—2012年和2013—2020年三个交易阶段。按照这一机制，各成员国应制订每个交易阶段二氧化碳排放的"国家分配计划"，为有关企业提出具体的减排目标，并确定如何向企业分配排放权。按照欧洲排放交易体系规定，在2013年后的第三阶段，污染性工业企业和电厂等可购买碳排放许可权。

为了达到温室气体减排的要求，欧盟具有减排义务的企业也曾考虑通过自行建设设备的方式来分解温室气体排放；但实践证明，这样做成本较高，因为欧盟企业自身减排一吨二氧化碳的成本高达56欧元。这样，欧盟规定各成员国均可通过《京都议定书》的其他灵活机制，以成本效率方式完成减排目标。这就形成了排放配额交易和核证减排交易两种机制。排放配额（EUAs）交易市场中，一个交易减排单位是EUA，目前欧盟一吨二氧化碳排放权价格约为20欧元，低于欧盟企业自行建设相应减排设备的成本。核证减排量（CERs）交易是基于清洁发展机制而产生的，有减排义务的欧盟国家可以向无污染减排义务的发展中国家购买温室气体排放权，其方法是欧盟国家的企业帮助发展中国家每减排一吨二氧化碳气体，就可以在本国获得一吨二氧化碳排放权。

（2）价格制度

通过碳价格的设定促使企业和个人以及金融机构在对商品和服务进行投资时，实现从碳集约型向低碳型转变。德国、西班牙、意大利等22个国家为促进可再生能源的发展，采用所谓的"固定价格收购"（FIT）制度，由政府强制性地规定电力公司有义务以高价格购买那些利用可再生能源开发的电力。

（3）实行碳预算制度

如英国的《气候变化法》确定了5年期的"碳预算"体制，从预算上保证了持续减排，以便实现到2050年使温室气体排放量比1990年削减80%这一目标。

（三）欧盟低碳发展的主要政策经验

在发展低碳产业问题上，欧盟的行动走在了其他国家和地区之前。从排放指标的制定，到科研经费的投入、碳排放机制的提出、节能与环保标准的制定，再到低碳项目的推广等，欧盟步步为营，推出了立法和经济手段等政策措施，统领各成员国大力发展低碳产业。

1. 气候变化立法

欧盟低碳发展的战略是，首先明确制定中长期的具有约束力的减排目标，然后通过立法及制定相应的政策，采取相关税制和排放量交易等经济手段以确保实现减排目标。

2. 应对气候变化的经济手段

一是采取应对气候变暖的相关税制，同时实施减税和退税的优惠措施，鼓励可再生能源的利用。二是排放量交易制度。三是采用价格手段。

四　德国低碳发展的政策和法规

（一）德国低碳发展的政策和法规的背景及目标

德国低碳发展的战略目标是，到2020年使德国将其排放水平在1990年的基础上减排40%。

德国作为发达的工业国家，能源开发和环境保护技术处于世界前列。德国政府实施气候保护高技术战略，将气候保护、减少温室气体排放等列入其可持续发展战略中，并通过立法和约束性较强的执行机制，实施气候保护与节能减排的具体目标。

在构建促进低碳经济发展的法律框架方面，德国是欧洲国家中法律框架最完善的国家之一。从 20 世纪 70 年代开始，德国政府启动了一系列环境政策。1971 年，德国公布了第一个较为全面的《环境规划方案》。1972 年，德国重新修订并通过了《德国基本法》，赋予政府在环境政策领域更多的权力。2002 年，德国出台了《节约能源法案》，把减少化石能源和废弃物处理提高到发展新型经济的思想高度，并建立了系统配套的法律体系。2004 年，德国政府出台了《国家可持续发展战略报告》，专门制定了《燃料战略——替代燃料和创新驱动方式》。德国《燃料战略》的目的是减少化石能源消耗，实现温室气体减排。《燃料战略》共提出四项措施：优化传统发动机、合成生物燃料、开发混合动力技术和发展燃料电池。

（二）德国低碳发展的政策和法规的主要内容

1. 能源与环境政策法规

德国政府于 2000 年通过《可再生能源法》，鼓励大力发展可再生能源。《可再生能源法》保障了可再生能源的地位，通过对可再生能源发电进行补贴，可以平衡可再生能源生产成本高的劣势，使可再生能源快速发展。

近几年，德国的可再生能源发展取得了很大成功。德国可再生能源的重点领域：（1）促进现有风力设备更新换代，发展海上风力园。（2）促进可再生能源的使用。可再生能源发电（除水电外）起步晚、规模小、成本高，没有独立的电力传输网络。德国当时的电网几乎都为大型电力集团所有，这就导致可再生能源发电难以通过电网输送给用户。为解决这一问题，德国 1991 年出台了《可再生能源发电并网法》，规定了可再生能源发电的并网办法和足以为发电企业带来利润的收购价格。德国计划使沼气使用占天然气使用的比重到 2020 年提高到 6%，到 2030 年提高到 10%。与电力相似，沼气的传输也存在并网和补贴问题。为此，德国相关部门也制定了沼气优先原则，促使天然气管道运营商优先输送沼气，并参考天然气制定沼气的市场价格，从而确定使用沼气的补贴额。此外，德国还制定了《可再生能源供暖法》，促进可再生能源用于供暖，计划使可再生能源供暖的比例到 2020 年提高到 14%。

2008 年 6 月 18 日，德国政府宣布通过保护气候方案第二部分，以应对日益加剧的全球变暖现象。法案的公布时间刚好选择在法国接任欧盟轮值主席国两周之前，这也反映出德国政府对于能源和气候问题重视程度的不断加深。德国这份法案的目标是，到 2020 年之前减少 40% 的二氧化碳排放。目前德国已经减少了其 20.4% 的排放量，前东德地区老工业基地的改造对这个成绩的取得贡献最多。

2008 年 6 月，德国议会还通过一项新的决议，制定了对可再生能源和中央电站进行节能低碳改造的详细措施，计划通过改造使德国的中央电站大幅提高输电能力和供热能效。另一项通过的法案则与提高能源利用率有关。新的输电网将输送更多的新型风能电力。重型运载车辆也被规定更高的限制排放标准，超过排放标准将获得严格的罚款和准入制度。此外，德国政府也通过加强建筑业中的节能低碳措施和智能电表的推广安装来节约电耗。为了鼓励普通国民自觉采取节能低碳措施，德国政府还将居民缴纳采暖费用中的个人比例由目前的 50% 上调到 70%。

2. 产业政策

德国发展低碳经济的重点是发展生态产业。2009 年 6 月，德国公布了一份旨在推动德国经济现代化的战略文件，强调生态产业政策应成为德国经济的指导方针。德国的生态产业政策主要包括六个方面的内容：严格执行环保政策；制定各行业能源有效利用战略；扩大可再生能源使用范围；可持续利用生物质能；推出刺激汽车业改革创新的措施及实行环保教育、资格认证等方面的措施。

为了实现从传统经济向绿色经济转轨，德国除了注重加强与欧盟产业政策的协调和合作之外，还计划增加政府对环保技术创新的投资，并通过各种政策措施鼓励私人投资。德国政府希望通过筹集公共和私人资金，建立环保和创新基金，以此推动绿色经济的发展。

德国是汽车设计和制造大国，汽车产业在其经济发展中起着重要作用。德国将电动汽车作为德国汽车工业发展的方向，对温室气体减排和产业发展进行战略性协调。电动汽车与传统汽车相比碳排放量明显降低，符合低碳经济发展方向；发展电动汽车，有助于德国汽车产业未来在国际上继续保持领先地位。

推动新能源汽车发展，让汽车摆脱或减轻对石油的依赖，已经成为德国政府、汽车企业和民众的共同希望。近年来，德国凭借其在可再生能源领域的领先技术，全力推动新能源汽车的发展，新能源汽车产业链已经初现端倪。德国政府于2009年8月颁布了"国家电动汽车发展计划"，目标是使德国到2020年拥有100万辆电动汽车。汽车行业的转型也带动了德国发展方式的转变。一般预计在未来5到7年内，德国制造的柴油发动机可降低30%的油耗，汽油发动机可降低油耗25%。目前，德国新能源汽车研发已初具规模，多款车型将进入批量生产。

鼓励企业实行现代化能源管理，发挥产业经济巨大的节能潜力，是德国气候保护的重要手段。德国产业还蕴藏着巨大的提高能效的潜力，如动力装置、照明系统、热量使用和锅炉设备等都有进行节能改造的空间。德国政府计划在2013年之前与产业界签订协议，规定企业享受的税收优惠与企业是否实行现代化能源管理挂钩。对于中小企业，德国联邦经济部和复兴信贷银行还建立了节能专项基金，为企业接受专业节能指导和采取节能措施提供资金支持，促进德国中小企业提高能源效率。

3. 技术政策

德国政府提出了实施气候保护高技术战略，先后出台了 5 期能源研究计划，提供资金支持提高能源效率和发展可再生能源。2007年，德国联邦教育和研究部在"高技术战略"框架下，制定了气候保护高技术战略。该战略确定了未来研究的 4 个重点领域，即气候预测和气候保护的基础研究、气候变化后果、适应气候变化的方法和气候保护的政策措施研究，同时通过立法和约束性较强的执行机制确定气候保护和节能减排的具体目标及时间表。根据这项战略，联邦教研部将在未来 10 年内额外投入 10 亿欧元用于气候保护技术研发，德国产业界也相应投入一倍的资金用于开发气候保护技术。

（1）发展低碳发电站技术

德国政府认为，尽管可再生能源发展迅速，但褐煤和石煤发电站在中期和长期内还将继续发挥作用，因此必须发展效率更高的碳捕获与封存（CCS）技术的发电站。CCS 技术可将二氧化碳气体分离并存储起来，只有这样才有可能实现二氧化碳减排目标。

德国政府计划制定了关于 CCS 技术的法律框架，具体措施包括：向欧盟递交建议书，促进在欧盟层面上制定 CCS 法律框架；在德国国内，以德国环境法规来保障发展 CCS 技术的措施；根据2007 年 11 月公布的欧盟指令，制定德国关于二氧化碳分离、运输和封存的法律框架；建设示范低碳发电站等。

（2）推广"热电联产"技术

热电联产，即将发电中产生的热能收集用于供暖，这样既减少了热量的流失，又为发电企业带来额外的供暖收入。热电联产技术一方面可用于火力发电站的节能改造，另一方面也可用于制造微型发电机，在小范围内解决供电和供暖问题，帮助用户降低对发电站的依赖。德国联邦政府为支持热电联产技术的发展和应用，制定了《热电联产法》。该法主要规定了以热电联产技术生产出来的电能将获得补贴额度，如在 2005 年底前更新的热电联产设备生产的电能，每千瓦可获补贴 1.65 欧分。德国政府计划到 2020 年，使热电联产技术供电比例较目前水平翻一番。

4. 消费政策

（1）政府提倡居民使用节能型家用电器

按照欧盟规定，在德国销售的冰箱、洗衣机、烘干机和家用照明设备都须标注能耗等级。这有利于居民在购买电器时有意识地选择节能电器，为环境保护作贡献。

（2）促进低碳建筑发展

德国政府计划每年拨款 7 亿欧元，用于现有民用建筑的节能改造，另拨款 2 亿欧元用于地方设施改造，目的是挖掘建筑以及公共设施的节能潜力。节能改造涉及建筑供暖和制冷系统、城市社区的可再生能源生产和使用、室内外能源储存和应用等。对于新建房屋，德国相关法律还规定了多项节能技术要求，主要集中在建筑供暖和防止热量流失方面。

5. 财政税收政策

（1）财政直接投资

德国从支出方面对减排进行了激励。2009 年 1 月开始执行《可再生能源法》，规定新建筑必须有 1% 以上使用可再生能源，德国为此建立了一个 5 亿欧元的基金来确保法案的执行。德国联邦经济部和复兴信贷银行还建立节能专项基金，用于促进中小企业提高能源效率。德国的国家电动汽车发展计划鼓励应用电动车，政府将每年投资 1.15 亿欧元进行电动车推广。为了提高能源效率，德国政府在电力运输和储存的研究方面进行了巨大的投资；将改造全国电网系统，推广热电联产（CHP）和采用高压直流电缆（HVDC）。应对气候变化和可持续发展将是德国科研政策的一个重点，在未来 6 年里，德国政府计划投资约 20 亿欧元，用于应对气候变化和可持续发展技术研究。政府还会通过投资刺激私人部门增加对高能源利用率的企业进行投资。

（2）实施相关税制和税收优惠

根据 2009 年世界自然基金报告，德国二氧化碳排放来源，能源部门占比42%，工业部门占比22%，运输部门占比16%，家庭和服务占比14%，农业占比5%。德国从提高能源使用效率、促进节能的角度建立了低碳财政税收政策。

一是把征收能源税作为生态税改革计划的一部分，对特定的能源进行征税。德国生态税自1999年4月起分阶段实行，主要征税对象为油、气、电等产品，税收收入用于降低社会保险费。从2001年11月开始，德国对每千克含硫量超过50mg的汽油和柴油每升再加收1.53欧分生态税。从2003年1月起，将含硫量标准调整为每千克10mg，使超过该标准的汽油和柴油每升加收的生态税累计达到16.88欧分；对无硫燃料征收的燃料税比含硫燃料的税率降低1.5个百分点。在税收激励下，德国企业已经放弃使用含硫燃料。

二是通过修改机动车税、征收载重汽车费规定，以增加小排量汽车来降低二氧化碳排放。对不同排量运输工具征收不同税收。针对机动车，德国目前新售汽车的平均二氧化碳排量约为164克/公里，而根据欧盟规定，到2012年新车二氧化碳排量应达到130克/公里。德国政府计划通过修改机动车税规定来推动这一目标的实现。对于载重汽车，德国自2005年开始在联邦高速公路和几条重要的联邦公路上对12吨以上的卡车征收载重汽车费，此举对提高货运效率，增加低排量汽车比例起到了积极的作用。

三是德国支持"欧洲航空一体化"建议，力图将航空领域产生的二氧化碳减少10%。德国法兰克福和慕尼黑机场从2008年开始进行为期3年的航段实验，根据二氧化碳排量给在上述机场着陆的航空公司进行奖罚。如果实验结果证明这种方法有效，德国政府还会将其推广到其他机场。

四是在公路税方面进行改革，把公路税从原有的根据引擎型号征税变成根据碳排放量征税。

6. 金融信贷政策/市场交易政策

（1）绿色信贷政策

德国是国际绿色信贷政策的主要发源地之一，经过数十年的发展，绿色信贷政策已经较为成熟。德国政府支持国家政策性银行，即复兴信贷银行，运用资本市场和商业银行来实施对环境项目的金融补贴政策。

德国实施绿色信贷政策的主要方法，一是国家对绿色信贷项目予以贴息贷款。即对环保节能项目予以一定额度的贷款贴息；对于环保节能绩效好的项目，可以给予持续 10 年、贷款利率不到 1% 的优惠信贷政策，利率差额由中央政府予以贴息补贴。实践证明"杠杆效应"非常显著。二是以政策性银行为基础开发了支持绿色信贷的金融产品。德国复兴信贷银行的节能环保金融产品从最初的融资到后期金融产品的销售都没有政府的干预，各项活动都通过公开透明的招标形式开展，政府的主要作用就是提供贴息及制定相关的管理办法，这样保障了资金高效公平的使用。三是将环保部门的认可作为企业获得绿色信贷的关键。

（2）碳排放权交易制度

德国在国内全面实施了碳排放权的分配和交易制度。德国进行排放权交易的目标一是保证生态健康；二是避免市场扭曲；三是减少交易成本；四是促进交易公平和有效。其最终目标是通过排放权管理实现经济和环境双赢，实现经济社会的可持续发展。

德国实施碳排放权交易制度的基础工作始于 2002 年初，当时联邦环保局组建了专门的管理机构，对企业机器设备进行全面调查、研究，建立了与排放权交易相关的法律等，目前已形成了比较全面的法律体系和管理制度。法律体系包括《温室气体排放交易许可法》（2004 年 7 月生效）、《温室气体排放权分配法》（2004 年 8 月生效）、《排放权交易收费规定》等 7 部主要法律法规。这些法律法规在排放权取得、交易许可、费用收取等方面规范了排放权的管理，从而奠定了排放权交易在德国的法律地位。

联邦政府组建了管理排放权交易事务的专门机构，即联邦环保局排放交易处。其主要职能是发放排放许可证；核实企业报送的排放申请报告；按账户形式对每个企业进行登记；起草与排放许可相关的国际国内报告；与欧盟和联合国进行合作。

关于碳排放权交易申报程序，在参与企业的选择上，德国将国内所有机器设备的二氧化碳排放量进行调查，按照《京都议定书》和相关法律的要求，对于排放量达到一定数额以上的设备，其生产企业要在与联邦环保局达成自愿协议的基础上，经审核才可取得一定的排放权，并进行排放交易。

关于碳排放权取得和交易费征收。按照有关法律法规，在排放权取得和交易环节，获得排放权的企业应缴纳的费用有：1）开户费。每个企业每年 200 欧元。2）登记管理费，分为固定费用和浮动费用两部分，其中固定费用根据设备排放二氧化碳的多少分档收费，排放量在 150 万吨以下为 3 200 欧元，151 万—300 万吨之间为 6 400 欧元，301 万吨以上 9 600 欧元。浮动费用对某些特殊设备，根据排放量和行业性质采取超额累进的方式，每吨在 0.015 和 0.035 欧元之间浮动。3）交易费用。联邦环保局征收的管理性费用，在交易完成后缴纳。一般采取超额累进方式征收，对于交易量在 1 万吨至 2.5 万吨之间的，在 1.25 万—2 万欧元之间浮动。交易价格由市场上交易双方确定；4）罚金。对于没有按已核定的排放权排放、超过核定量后又不再次购买排放权的企业，按照第一年每吨 40 欧元、第二年每吨 100 欧元、第三年每吨 200 欧元的标准处罚。

联邦环保局所征收的费用主要用于管理机构正常业务工作经费和办公经费，剩余部分可由联邦政府投资于可再生能源。

（三）德国低碳发展的主要政策经验

德国政府通过能源和环境等政策，采取限制性和激励性经济措施并举的做法，鼓励企业积极参与环境保护和节能减排，使得德国能耗在经济增长的同时不断下降，环境质量得到明显改善，实现了经济发展模式的转变。

1. 德国政府着眼长远，实施气候保护高技术战略，将气候保护、减少温室气体排放等列入其可持续发展战略中，并通过立法和约束性较强的执行机制，实现其气候保护和节能减排战略目标。

2. 因地制宜，制定适合本国国情的低碳能源政策。德国石油、天然气严重依赖进口。为开发新能源，德国政府出台了《可再生能源法》，规定新能源占全国能耗的比例最终要超过50%。2009年3月，德国政府通过《新取暖法》，扶植重点逐渐向新能源下游产业转移。

五　英国低碳发展的政策和法规

（一）英国低碳发展的政策和法规的背景及目标

英国经济发展主要依靠服务业。根据英国气候变化项目计算，英国各部门温室气体排放占总排放量的比例依序为：商业（32%）、运输业（25%）、居民（24%）、农业（8%）、工业（2.8%），出口占比为1.8%。2009年电力生产所用原料占比依序为：天然气（45%）、煤（32%）、核能（13%）、可再生能源（6%）。

英国自从于2003年提出"低碳经济"以来，提出了一系列政策、措施和手段，逐步形成了清晰的低碳发展战略。英国引领全球低碳经济发展，不仅将低碳经济作为应对气候变化的重要途径，而且将低碳经济作为实现可持续发展的国家战略，高层次全方位地推动其低碳经济发展。

2003年，英国政府发表了题为《我们未来的能源：创建低碳经济》的能源白皮书，首次提出"将实现低碳经济作为能源战略的首要目标"。具体包括：（1）保持能源供应的稳定性和可靠性；（2）促进国内外竞争性市场的形成，协助提高可持续的经济增长率并提高劳动生产率；（3）确保每个家庭以合理的价格获得充分的能源服务。

2006年，英国政府发布《能源回顾：能源挑战》，在进一步确认2003年白皮书几个目标的同时，进一步指出了两大挑战：一是与其他国家一起应对气候变化的国际行动；二是保证安全、清洁和合理的国内能源供应。

2007 年，英国出台《能源白皮书：迎接能源挑战》，该报告论调基本上与 2006 年《能源回顾》一致，但用大量篇幅描述了国际能源需求和温室气体大幅度增长对气候变化的影响，强调了国际行动的必要性。英国成立了气候变化办公室，负责制定气候和能源战略，并处理跨部门协调问题。特别地，2007 年 3 月 13 日，英国环境部门公布了气候变化法案草案。2008 年 11 月草案通过并变成正式法律。由于此项法律的通过，英国成为世界上首个将长期大量减排目标写入法律的国家，或者说是首个在这方面有法律约束框架的国家。

2008 年 1 月，英国能源法案更新了其法律框架，反映其当时对能源市场的政策以及气候变化和能源危机的挑战。法案主要是解决核能、碳捕获与封存、可再生能源以及远海天然气石油方面的挑战。新框架鼓励向环境监管法规内允许的核能投资。

为了应对气候变化带来的挑战，促进低碳经济转型，英国于 2008 年 10 月成立了能源和气候变化部（DECC）。气候变化办公室被并入并仍然承担着跨部门协调的角色。该部还整合了原来由商业、企业及管制改革部（BERR）负责的能源战略制定职能，以及由环境、食品和农业事务部负责的气候变化应对战略制定职能。新部的主要任务就是引领整个英国向低碳经济转型，另外，新部还负责国家能源安全以及确保能源使用的高效和经济性。

2008 年 11 月 26 日，英国议会通过了《气候变化法案》，成为世界上第一个为减少碳排放、适应气候变化立法的国家。法案为英国制订了一个清晰而连贯的中长期减排目标：到 2020 年，将英国的二氧化碳排放量在 1990 年的水平上减少 26%—32%；到 2050 年，在 1990 年的水平上削减至少 60%；制定了碳预算 5 年计划新体系和未来 15 年的碳预算计划；成立了具有法律地位的气候变化委员会；引入新的排放贸易体系；建立新的温室气体排放报告机制，对温室气体减排进展情况进行监督。特别地，到 2020 年，预计绿色工程将提供 1.2 亿人的就业机会，使 700 万家庭受益，其中超过 150 万的家庭会采用可再生能源；40% 的电力来源于低碳资源（可再生能源，核能和清洁碳），天然气进口将降低 50%；新轿车平均比 2009 年水平减少 40% 碳排放。

2008 年 12 月 1 日，英国气候变化委员会发布《创建低碳经济——英国温室气体减排路线图》报告，提出了一个涵盖 2008—2022 年三个五年期碳预算的未来减排路线图。

2009 年 4 月，布朗政府宣布将"碳预算"纳入政府预算框架，使之应用于经济社会各方面，并在与低碳经济相关的产业上追加了 104 亿英镑的投资，英国也因此成为世界上第一个公布"碳预算"的国家。

2009 年 7 月，英国发布了《英国低碳转型计划》，以及《可再生能源战略》、《低碳工业战略》、《低碳交通计划》三个配套文件，要求能源、产业、居民生活等所有方面都向低碳化方向发展。这标志着英国成为世界上第一个在政府预算框架内特别设立碳排放管理规划的国家。按照英国政府的计划，到 2020 年可再生能源在能源供应中要占 15% 的份额，其中 40% 的电力来自绿色能源领域，这既包括对依赖煤炭的火电站进行"绿色改造"，更重要的是发展风电等绿色能源。

2009 年 11 月，英国能源与气候变化部公布了能源规划草案，明确提出核能、可再生能源和洁净煤是英国未来能源的三个重要组成部分，这也是实现低碳经济的重要途径。

（一）英国低碳发展的政策和法规的主要内容

1. 能源政策

英国的低碳经济主要体现在绿色能源、绿色生活方式和绿色制造等方面。英国政府为了促进企业发展可再生能源，推出为期 25 年的可再生能源义务和气候变化税来替代非化石燃料义务和化石能源税。可再生能源义务要求电力供应商在其供应消费者的电量中必须有一定比例是用可再生能源发电的，其比例与政府确定的该年度可再生能源的电力总供给所占比例目标同步浮动。

英国政府不考虑建设新的核电站，减排的重要措施是发展风能与生物质能，把可再生能源技术的研发和示范放在首位。为此，英国提出了发展新能源分三步走的战略。近期战略的重点是研发那些有竞争力的、可尽快实现出口的技术领域，包括近海风能、主动和被动式太阳能装置、水电以及垃圾能等；中期战略是发展确保实现 2010 年可再生能源发展目标的新技术以及有前景的技术，包括生物残留物、近海风能、能源作物、燃料电池以及太阳光电等。远期战略重点是发展那些在执行研究和开发计划过程中发现的潜在能源技术，包括燃料电池、与建筑一体化的光电装置以及太阳能热电等。

在电能方面，英国在其 2007 年白皮书《迎接能源挑战》中提到了一些规定，比如发电和电力分配、运输燃料的运用以及供热方法（主要是天然气供热）等。该白皮书指出："能源关系到经济成功的方方面面。我们面临两个长期的能源挑战：第一个是解决气候危机带来的削减碳排放的挑战；第二个是确保清洁、低价的能源成为主要能源的挑战。"白皮书还预计英国在未来二十年将会需要 30—35GW 的新电能，这是因为英国建造于 20 世纪 60 年代和 70 年代的煤电厂和核电厂已经到达了设计使用年限。2008 年 1 月英国政府公布了兴建新核电站的想法，尽管遭到某些组织的质疑，但是政府称"为面对环境危机和供应的保障，兴建新型核电站是迫在眉睫的"。

2. 环境政策

英国政府考虑到气候变化税的征收可能会给能源密集型产业造成重大负担，因此推出了气候变化协议制度，以减少这些企业的气候变化税负担。能源密集型产业如果与政府签订气候变化协议，并达到规定的能源效率目标，政府可减少征收其应支付的气候变化税的 80%。如果企业不能兑现约定的目标，英国政府亦允许这些企业参与英国排放贸易机制，以买卖各企业允许排放配额的方式，来实现气候变化协议的要求。据审核，在英国气候变化协议的第一阶段目标期间（即 2001 年 4 月 1 日—2003 年 3 月 31 日），88% 的减排目标单位通过了认证，相当于每年减排了 350 万吨二氧化碳；第二阶段目标（即 2003—2005 年）有 95% 的减排目标单位通过了认证，相当于减排 510 万吨二氧化碳。

3. 产业政策

英国政府通过制定强制性的行业规范和标准，明确各行业通过洁净能源生产和能源使用效率的提高实现减排目标；明确要求电力行业供应商自 2003 年开始 3% 的电力要来自可再生能源，此后逐年提高；要求建筑行业严格执行"欧盟建筑能耗标准体系"，通过执行这一标准，2006 年全英新建房屋的能耗较 2002 年下降了 40%。同时，英国政府还积极支持绿色制造业，研发新的绿色技术，从政策和资金方面向低碳产业倾斜，确保英国在碳捕获、清洁煤等新技术领域处于领先地位。

4. 消费政策

英国充分认识到社会大众是进行低碳发展的重要主体，因而制定了与居民住房和日常消费等相关的需求拉动型政策，引导人们向低碳节能的生活方式转变，并通过家庭能耗和用水两个指标，提出了"可持续家庭标准"概念。

英国建立了公众低碳产品购买现金返还和奖励制度。一所较好安装了太阳能电池板的住房，每年可获得奖励 800 多英镑，在能源账单上节省约 140 英镑。在住房方面，英国政府拨款 32 亿英镑用于住房的节能改造，对那些主动在房屋中安装清洁能源设备的家庭进行补偿。在交通方面，新生产汽车的二氧化碳排放标准要在 2007 年基础上平均降低 40%。

5. 财政税收政策

（1）财政扶持政策

低碳市场需要在技术开发、基础设施和供应链建设方面加大投资。英国 2009 年财政预算案宣布了 4.05 亿英镑的资金计划，用以支持英国发展世界领先的低碳能源产业和绿色制造产业，支持开发和部署低碳技术，如风能、海洋能，并帮助吸引和保护英国低碳产业供应链上的投资。政府通过政府采购向私营部门提供更加直接的资金来源。英国政府还通过财政制度如 ECA（资本津贴）计划提供间接财政奖励，鼓励采用清洁技术、减少二氧化碳排放量的活动。ECA 计划向有利于环保的设备采购活动提供税收减免，分为三个部分：节能设备采购，节水设备采购和低排量汽车采购，2008 年累计提供财政奖励 1.15 亿英镑。

（2）税收政策

开征燃料费。英国政府于 1993 年开征燃料费。该费用会根据价格指数作出调整，是一个针对零售石油的环境费。该费用的目的是减少运输部门的二氧化碳排量。燃料费是英国仅有的真实碳税，但燃料费却一直受到政治批判，最终迫使英国政府在 1999 年取消了燃料费根据价格指数调整的规定，在 2000 年降低燃料费的费率。

实施气候变化税制度。为了推动低碳发展，英国政府推出了气候变化税。这实质上是一种"能源使用税"，计税依据是使用的煤炭、天然气和电能的数量，使用热电联产、可再生能源等则可减免税收。气候变化税于 2001 年 4 月 1 日开始实施，针对不同的能源品种其税率也不同，征税对象也有详细而具体的规定。政府将气候变化税的收入主要通过三个途径返还给企业：一是将所有被征收气候变化税的企业为雇员交纳的国民保险金调低 0.3 个百分点。二是通过"强化投资补贴"项目鼓励企业投资节能环保的技术或设备。三是成立碳基金，为产业与公共部门的能源效率咨询提供免费服务、现场勘查与设计建议等，并为中小企业在促进能源效率方面提供贷款。英国气候变化税一年筹措 11 亿—12 亿英镑，其中 8.76 亿英镑以减免社会保险税的方式返还给企业，1 亿英镑成为节能投资的补贴，0.66 亿英镑拨给了碳基金。据测算，由于气候变化税政策的实施，截至 2010 年，英国每年可减少 250 多万吨碳排放，相当于 360 万吨煤炭燃烧的排放量。

创建碳基金。碳基金是一个由英国政府投资、按企业模式运作的独立公司，成立于2001年。碳基金的主要收入来源是气候变化税；但从2004—2005年起，增加了两个新的来源，即垃圾填埋税和来自英国贸易与工业部的少量资金。碳基金主要在三个重点领域开展活动：能马上产生减排效果的活动；低碳技术开发；帮助企业和公共部门提高应对气候变化的能力，向社会公众、企业、投资人和政府提供与促进低碳经济发展相关的大量有价值的资讯。

碳基金作为一个独立公司，介于企业与政府之间，实行独特的管理运营模式。一方面，公司每年从政府获得资金，代替政府进行公共资金的管理和运作；另一方面，作为独立法人，碳基金采用商业模式进行运作，力图通过严格的管理和制度来保障公共资金得到最有效的使用。在当前金融危机背景下，英国政府还积极采取一系列政策措施，有效减少市场不确定性，降低投资方资金风险，甚至直接干预整个筹资机制。如实施碳信托基金运作低利率信贷计划，目标就是帮助中小企业提高能源效率，引导企业减少能源消耗、降低碳排放。英国2009年的财政预算确定向碳信托基金增加1亿英镑的政府注资，以帮助更多中小企业从该低息信贷计划中获益。

6. 金融信贷政策

2003年6月，英国巴克莱银行宣布接受"赤道原则"。巴克莱银行制定了一个集社会和环境于一体的信贷指引，划分了环境风险等级，为银行评估和审核贷款提供了支持。该银行还通过与联合国环境规划署的合作，向全球170多个金融机构提供了信贷指引。在银行内部，巴克莱银行还引进外部咨询公司或行业环保专家，建立了银行内部的环境风险评估人才储备库。

（1）启动温室气体排放贸易机制，推进碳金融市场发展

英国是最早实施温室气体排放贸易机制的国家。该机制有四种方式，即直接参与、协议参与、项目参与及开设账户。作为主管机构的英国环境、食品和农业事务部开设排放量交易登记处，所有承诺减排目标的参与者必须按相关条例严格检测和报告每年的排放状况，并经过有职业资格的第三方独立认证机构的核实；只有通过验

证的排放量与信用额度方能获得登记。为方便交易，英国还开发了一套温室气体排放贸易的电子注册系统和实时交易平台。所有参与者至少注册一个账户，来记录其基本情况及其配额、配额转移、配额供需等信息。为与欧盟气候政策相协调，英国排放贸易机制于2006年12月31日结束。

之后，英国在欧盟碳市场框架下按欧盟碳交易机制推进碳金融市场发展。2008年，即使在金融危机背景下，英国整个碳市场仍然继续增长，到年底总交易额约达860亿欧元，比2007年翻了一番。这其中欧盟排放交易衍生工具大约为630亿欧元，年同比增长速度超过了80%。伦敦已成为全球碳交易中心。

（2）使用可再生能源配额

可再生能源配额，即所有注册的电力供应商都制约于一定的可再生能源法定配额：生产的电力中有一定比例是来自于可再生能源，配额是逐年增加的。实现配额政策的主要方式是向可再生能源发电商购买电力的同时购买可再生能源配额证书，或是从发电商、独立供电方那里只购买可再生能源配额证书。购买证书这项政策目的在于鼓励企业更多地使用可再生能源。

（三）英国低碳发展的主要政策经验

英国应对气候变化的政策措施包括：实施气候变化税制度、创新碳基金、推出气候变化协议、启动温室气体排放贸易机制、使用可再生能源配额等。各种政策措施，不仅各具特色，而且是一个相互联系的有机整体。通过这一系列的措施，英国初步形成了以政府政策为主导，市场运作为基础，以企业、公共部门和家庭为主体的"低碳经济"互动体系，成功突破了发展"低碳经济"的最初瓶颈，为英国实施低碳发展奠定了扎实的基础。

1. 将低碳发展作为国家战略，动员国家力量发展低碳经济。英国认为，低碳经济不仅是经济问题、能源问题和应对气候变化问题，低碳经济已经成为一个国家发展战略问题。通过改变现行的高碳型经济增长方式，发展低碳经济，可以获得更可靠的生态安全保障和更高层次的国家核心竞争力和国际影响力。

2. 英国充分认识到社会大众是进行低碳建设的重要主体，因而制定了与居民住房和日常消费等相关的需求拉动型政策，引导人们向低碳节能的生活方式转变。

3. 将发展低碳经济作为环境与经济融合的重要实现途径。

低碳经济的本质就是环境与经济的融合。英国将环保与充分就业、稳定增长并列为政府的三大经济目标，主张利用节能环保创造更多的财富和就业，吸引投资和扩大出口。有研究表明：英国政府在过去十年间实现了 200 年来最长的经济增长期，经济增长 28%，但温室气体排放却减少了 8%。低碳经济及相关产业每年能创造超过 1 000 亿英镑的产值，并为 88 万人创造就业机会。

4. 将发展低碳经济视为系统工程，采取综合手段推动。低碳经济不仅是产品生产的低碳化，而是涉及产品生产、流通、消费的各个环节，涉及生产制造、生活方式转变等方方面面。英国将发展低碳经济视为系统工程，通过法规标准、经济政策、宣传教育等多种综合手段，全面促进低碳创新。第一，通过立法制定强制性行业规范和标准，明确各行业减排目标，以推动低碳经济发展。第二，制定了开征气候变化税、实施政策性补贴等措施。

5. 加强宣传教育。英国非常重视对公众低碳经济的宣传和教育。政府每年都通过出版物及其他媒介，向公众免费发布节能减碳状况的信息。在介绍节能减碳状况的同时，还向公众说明形成低碳生活形态与经济社会可持续发展的关系。而且，还建立起众多的教育项目，对大众特别是中小学生进行节能减碳方面的教育，使他们对减碳有深入了解。

六　伦敦市低碳发展的政策和法规

（一）伦敦低碳发展的政策和法规的背景及目标

伦敦作为英国首都，是英国的政治中心和经济中心。伦敦的行政区划分为伦敦城和 32 个市区，伦敦城外的 12 个市区称为内伦敦，其他 20 个市区称为外伦敦。伦敦城、内伦敦、外伦敦构成大伦敦市，简称伦敦。

2007 年 2 月，伦敦市长启动了"伦敦市应对气候变化行动计划"，确定伦敦采取行动使 CO_2 排放到 2025 年减少 60%。这一雄心勃勃的计划比英国政府到 2050 年减排 60% 的目标更为激进。伦敦市目前温室气体排放当量为 4 400 万吨（不含航空）；如果不采取任何减排措施，按常规趋势进行预测，到 2025 年这个数字将增加 15%，上升到 5 100 万吨（不含航空）。

2006 年，居民家庭能源使用是伦敦最大的 CO_2 排放源，为 1672 万吨，占总温室气体排放量（不含航空）的 38%；其次是商业和公共部门、地面交通和工业，比重分别为 33%、22% 和 7%。家庭能源利用中供暖/制冷、热水及家用电器等为温室气体排放的主要来源，分别占家庭温室气体排放的 54%、18% 和 18%。伦敦市计划通过改变人们的生活方式，到 2025 年将家庭能源利用排放的温室气体减少 770 万吨。其中一项简单而效果很好的减排措施是提高家庭能源利用效率。如伦敦市将所有家庭使用的灯光改为节能灯，就将使 CO_2 年均排放量减少 575 万吨，节约 1 390 万英镑，每个家庭平均支出节省 300 英镑。为此，伦敦市提出了针对居民家庭的"市长绿色家庭计划"。

伦敦市商业活动年排放二氧化碳 1500 万吨当量（如果加上工业活动，则为 1 800 万吨）。商业和工业活动中的 CO_2 排放主要来自电力使用，包括照明、计算和 IT 行业、制冷。可以通过简单措施实现商业和工业活动的 CO_2 减排，如在夜间关闭设备，避免使用能效较低的供暖和制冷设备等。为此，伦敦市提出了针对商业机构的"绿色机构行动计划"。

（二）伦敦低碳发展的政策和法规的主要内容

1. 能源政策

伦敦市降低 CO_2 排放最大的障碍在于能源生产和分配方式。现有通过煤、油、气和核能发电的方式效率很低，约 2/3 或更多的输入能源在发电过程中以热量的形式浪费掉了。在电力输送到城市消费之前又损失了一部分。伦敦提出的能源方面的减排措施是，尽可能降低对国家电网的依赖，向本地化、低碳化、分散化能源供应转变，如电热/冷联供（CCHP）、垃圾焚化发电、可再生能源（太阳能电池板）发电等，提高可再生能源项目投资，实施碳捕捉等。通过这些具体措施，伦敦计划到2025年在能源供应方面降低碳足迹720万吨。

2."市长绿色家庭计划"

市长绿色家庭计划包括下列几个方面。

（1）在伦敦家庭推广空心墙和屋顶保温层。空心墙和屋顶保温层能有效减少房屋散热，从而降低用于房屋供暖的能源消耗。

（2）通过广泛的市场活动增强减排意识，使市民了解伦敦可以采取什么行动减排，以及如何降低能源使用量。

（3）为伦敦市民提供便捷的一站式咨询服务，如通过电话和网络，咨询内容包括实施能源节约措施，使用小型可再生能源装置等。

（4）为有相当支付能力的家庭提供试点服务，方便查询家庭能源使用情况，跟踪能源效率提高、使用可再生能源和节约用水措施所产生的减排效果。

（5）提高伦敦社会保障住房的能源利用效率。

（6）找出实行可持续性能源行业在技能上的差距，培训操作人员安装使用节能设备或使用可再生能源设备。

3."绿色机构行动计划"

目的是使私人和其他公共机构共同减排。这个活动可实现年均760万吨 CO_2 减排量。该计划的重点领域为：

（1）建立良好建筑物伙伴关系，鼓励商业用户改良他们的建筑。

（2）使用绿色机构标识，通过多种方式帮助住房减排。如改变建筑物使用方式，改变住户行为习惯等。这些标识可提供建筑物改变前后的不同信息。

（3）宣传活动。广泛进行良好建筑物伙伴关系和绿色机构标识的宣传活动，宣传的重点集中在采用节能的生活措施和使用清洁能源需要克服的主要困难上。

4. 低碳交通政策

伦敦市交通（不包括飞机航运）占伦敦总排放量的22%，为960万吨。其中轿车和摩托车占地面交通的比重较大，占49%；其次为货车，占23%，两者约占交通全部排放的3/4。伦敦计划通过实施各种措施到2025年减排430万吨。交通方面的减排措施主要针对小汽车和货车，主要包括下列几点。

（1）改变伦敦人的出行方式。加强对公共交通、步行、自行车设施设备的投资，使人们选择这些排放较少的出行方式，这一转变将年均减少 CO_2 排放近100万吨。

（2）更有效的使用车辆。对所有车辆，更适宜的驾驶方式（如平稳的加速/刹车，适当的车速等）能够减少5%—10%碳排放。

（3）使用低碳技术车辆和低碳燃料。使用低碳技术车辆和低碳燃料可以最大限度地减少碳排放，估计最高可使交通减排400万—500万吨。

（4）交通碳税。通过征收车辆碳税激励使用低碳燃料。伦敦计划成为世界首个根据车辆碳排放量收费的城市。排放温室气体最高的车辆每辆车每天将被收取25英镑费用，而零排放车辆则免于缴费。

此外，伦敦市政府还就飞机航运等提出了多项减排措施。

七　日本低碳发展的政策和法规

（一）日本低碳发展的政策和法规的背景及目标

日本是一个资源稀缺的国家，历来重视节能减碳。作为《京都议定书》的发起和倡导国，日本在应对气候变化方面注重与国家能源战略的协同效应，重视能源的多样化，并在提高能源使用效率方面采取了很多措施。

2004 年，日本环境省发起了"面向 2050 年的日本低碳社会情景"研究计划，其目标是为 2050 年实现低碳社会目标而提出具体对策。在 2006 年的《国家新能源战略》中，日本政府提出了非常具体的目标，即将温室气体减排中期目标定为 2020 年与 2005 年相比减少 15%，长期目标定为 2050 年比 2005 年减排 60%—80%。2007 年 2 月，日本环境省全球环境研究基金项目组发表了题为"日本低碳社会情景：2050 年二氧化碳排放在 1990 年水平上减少 70% 的可行性研究"的研究报告，认为在满足到 2050 年日本社会经济发展所需能源需求的同时，实现比 1990 年水平减排 70% 的目标是可行的，日本具有相应的技术潜力，因此对低碳社会构想的可行性加以了肯定。2008 年 6 月，日本首相福田康夫以政府名义提出了防止全球气候变暖的新对策，即著名的"福田蓝图"，这是日本低碳战略形成的正式标志，它包括应对低碳发展的技术创新、制度变革及生活方式的转变。

（二）日本低碳发展的政策和法规的主要内容

1. 能源与环境政策法规

日本构建了由能源政策基本法为指导，由煤炭立法、石油立法、天然气立法、电力立法、能源利用合理化立法、新能源利用立法、原子能立法等为中心内容，相关部门法实施令等为补充的能源法律制度体系，形成了金字塔式的能源法律体系。通过加强能源立法，日本规范和支撑低碳社会建设。

早在 1979 年，日本政府颁布实施了《节约能源法》，并对其进行了多次修订。从 1991 年至 2001 年，先后制定了《关于促进利用可再生资源的法律》、《合理用能及再生资源利用法》、《废弃物处理法》、《化学物质排出管理促进法》、《2010 年能源供应和需求的长期展望》等法案。2004 年 4 月，日本环境省设立的全球环境研究基金就成立了"面向 2050 年的日本低碳社会情景"研究计划。

2006 年 5 月 29 日，日本经济产业省编制了《国家新能源战略》，通过强有力的法律手段，全面推动各项节能减排措施的实施。《国家新能源战略》提出从发展节能技术、降低石油依存度、实施能源消费多样化等 6 个方面推行新能源战略；发展太阳能、风能、燃料电池以及植物燃料等可再生能源，降低对石油的依赖；推进可再生能源发电等能源项目的国际合作。

2007 年 6 月，日本内阁会议制定了《21 世纪环境立国战略》，并指出：为了克服地球变暖等环境危机，实现可持续社会目标，需要综合推进低碳社会、循环型社会和与自然和谐共生的社会建设，日本中央环境审议会地球环境分会为明确实现低碳社会建设的努力方向，针对其基本理念、具体构想以及实施战略进行了讨论。2007 年 9 月以来，相关部门共召开了 12 次会议，在听取专家学者意见的基础上，整理出基本理念，公布了建设低碳社会的计划。

2. 技术政策

面对能源的日渐短缺，日本把能源技术列为本国的科技研发重点，从提高能源使用效率和发展清洁非化石能源两个方面入手。《第三期科技基本计划》中的 4 个推进领域之一就是能源技术。2008 年 6 月 11 日，日本国会通过了《推进研发体系改革　强化研发能力及提高研发效率》（简称《研发强化法》），以法律形式对《第三期科技基本计划》出台以后政府形成的促进科技创新和研发的新理念、新措施予以支持。日本希望通过实行能源科技发展战略，抢占低碳技术制高点。

为此，日本加大了科研经费投入，全力支持低碳技术研发。根据日本科技战略重点预算，2008 年日本政府科技预算为 35 708 亿日元，比 2007 年增加 595 亿日元，增幅为 1.7%。其中，一是用于 8 个重点领域政策性课题的研究开发，经费比 2007 年增加 467 亿日元，占政府科技总预算的 48.9%。二是用于战略重点性科学技术，经费在 2007 年大幅度增加 36% 的基础上，2008 年又比 2007 年增加

13.4%，从3873亿日元增加到4 393亿日元。三是增加国家基础骨干技术的资金投入。四是通过科技预算对落实重点科技政策的项目给予经费保证。

3. 低碳社会行动

2008年3月，日本经济产业省发布《凉爽地球能源创新技术计划》，提出可大幅度减排二氧化碳的21项技术，使用这21项技术可实现日本二氧化碳排放减半目标的60%。2008年5月，日本发布了《面向低碳社会的12大行动》报告，提出建设低碳社会的12大行动及其可实现的减排量，对住宅、工业、交通，能源转换、交叉部门等都提出了预期减排目标，并提出了相应的技术选择、社会改革及政策措施等。

2008年7月29日，日本内阁会议通过了《建设低碳社会行动计划》，其主要内容是：在2020年前实现二氧化碳捕获与碳封存技术的应用；到21世纪20年代，将目前每吨约4 200日元的二氧化碳回收成本降低到2 000日元以下；力争在2020—2030年间，将燃料电池系统的价格降至目前的约十分之一；到2020年将太阳能发电量提高到目前的10倍，2030年时提高到40倍；利用3至5年时间将发电系统的价格降至目前的一半左右；探讨能减轻可循环能源成本负担的理想方式；研究大胆有效的鼓励政策及新的收费系统；到2020年，实现半数新车转换成电动汽车等新一代汽车的目标；配备约30分钟即可完成充电的快速充电设备；建立国内排放量交易制度；研究"地球环境税"等相关课题；对商品从制造到使用过程中的二氧化碳排放总量进行标注。

2009年4月，日本环境省公布了名为《绿色经济与社会变革》的政策草案，其目的是通过实行减少温室气体排放等措施，强化日本的低碳经济。该草案实施之后，将使日本环境领域的市场规模从2006年的70万亿日元增加到2020年的120万亿日元，并将该领域就业人员增至220万人，通过环境保护推动经济发展，实现"绿色增长"。

在颁布一系列法案的同时，日本政府和相关团体通过电视、网络、发行刊物、举办讲座等形式向消费者普及节能知识，进行节能宣传。如今，节能措施已细化到日本人日常生活的方方面面。可以认为，日本的低碳社会计划，是对其所拥有的技术优势和技术潜力合理研究判断后的理性选择，更是深入分析其所面临的社会经济问题后的现实抉择。

4. 财政税收政策

（1）财政直接投资

①投资低碳型基础设施建设。包括建设100个新一代能源园区示范项目，进行智能电网和智能电表的技术试验项目，为可再生能源发电上网提供新一代基础设施，加快建设低碳型交通基础设施和为电动汽车提供快速充电的基础设施。②投资节能改造。对民用住宅、办公大楼、工厂、学校、公共基础设施等集中导入太阳光发电、绿色家电，实施节能改造。③投资节能技术研发。在替代能源和节能技术的研发上，推出"新阳光计划"，每年拨款资助研究再生能源技术、能源输送与储存技术等，力图确保未来能源科技的制高点。

（2）财政补贴

①对节能家电和电动汽车消费提供补贴，普及节能住宅，对进行节能环保投资的企业提供无息贷款。②推进企业进行温室气体减排，为企业的减排融资提供"贴息"支持。③对引进先进的能源利用设备予以补贴，补贴率为1/3，补贴金额最高为2亿日元。④在促进低碳汽车的技术开发方面，采取领跑者计划的制度，对开发成功者提供补助金。⑤家庭购买太阳能发电装置，一半的费用由政府补贴。

（3）实施相关税制

日本为了治理环境，减少污染，节约能源消费，建立了世界上最庞杂的运输税收体系。在国税层次有石油消耗税、道路使用税、液化气税、机动车辆吨位税、车辆产品税以及二氧化碳税。此外，根据"排放责任者负担的原则"修改与汽车相关的税制，将现行的以排气量和重量为课税依据改为以二氧化碳排放量为课税依据。在促进包含生物质燃料的混合汽油的普及方面，导入生物质燃料促进税制。

2005 年，日本政府提出了环境税，尽管引起日本石油协会（PAJ）以及其他行业和消费者的反对。环境税约为每千克煤 1.58 日元，每升汽油 1.52 日元。

目前日本没有碳税方面的措施。2009 年 12 月，在哥本哈根气候会议当天，日本有 9 个行业协会反对征收碳税，他们认为："日本不应考虑碳税，因为征收碳税会对经济带来冲击，日本在世界上已经是能源运用效率最高的国家之一。"这几个行业是石油、水泥、造纸、化学、燃气、电力、汽车制造、电子和信息科技部门。

（4）税收优惠

①为实现住宅和办公大楼的低碳化，修改住宅贷款减税条例，对节能型住宅实行税制上的优惠；实施"办公大楼领跑者计划"的制度，对导入高效率机器设备和系统的办公大楼实行税制上的奖励。②为促进交通运输领域的低碳化，在税制上明确奖励购买和使用低碳汽车，对汽车拥有者（车主）在更换购买新车时购买低碳汽车者要在税制上提供优惠。③为促进可再生能源的开发与普及，在税制方面通过清洁电力证书制度提供优惠，并加强对智能电网的投资和建设支持。④为提高能效，对改进能源利用效率的措施除一般折旧或税收抵免外，还可按取得成本的 30% 提取特别折旧。

（5）政策引导

日本从 2008 年秋季开始，试行二氧化碳排放量交易机制和"二氧化碳排放可视化"的管制制度，全力推进"碳足迹制度"和"碳抵消制度"。

5. 金融信贷政策

日本瑞穗银行在 2006 年建立了可持续发展部门，并改变了项目融资审批流程。根据新流程，客户需要填写"筛选表格"，而可持续发展部门会根据筛选结果将项目分为 A 类、B 类和 C 类。其中被分为 A 类和 B 类的项目是对社会和环境具有重大潜在不良影响的项目，可持续发展部门会根据其"行业环境清单"开展彻底的环境审查，并在其基础上准备环境审查报告提交给信贷部门。

第二节　国外典型案例分析

一　瑞士的碳税和排放权交易

2008 年 1 月，瑞士开始征收了针对能源使用的二氧化碳税，该碳税税收对象主要是化石燃料，例如煤、石油和天然气。汽油和柴油燃料不受碳税的影响。瑞士联邦海关管理局负责征税，该税收会促进化石燃料更加有效的利用。该碳税税率为每吨二氧化碳 12 瑞士法郎。该碳税的法律支持来源于瑞士 1999 年关于减少二氧化碳的联邦法律。尽管瑞士更喜欢自觉的行动和方法来减少碳排量，但是碳税的征收证明自觉行动明显不足以达到减排目标。

2005 年，为了实现《京都议定书》承诺的在 2008—2012 年期间温室气体排放比 1990 年水平减排 8% 的目标，瑞士政府决定实施额外的措施。2007 年，瑞士联邦议会决定从 2008 年起对公司企业征收碳税。到 2010 年时最高税率将会是每吨二氧化碳 36 瑞郎。瑞士的公司如果参与瑞士"限额与交易计划"就可以免交此项碳税；加入该计划意味着自觉减少二氧化碳排量。在限额与交易这项计划中，排放许可证免费发给各个公司，每年公司的总排量不得超过该排放许可，公司可以交易这个排放许可。然而，如果公司没能达到许可限额的限制，就必须为额外的排放支付二氧化碳税。约 400 家公司加入了该计划。2009 年，公司上交给瑞士政府一笔存款作为预备金，足够购买他们一年的二氧化碳排放量。2009 年的报告显示企业只有 260 万吨的二氧化碳排放，远远低于允许的 310 万吨的限额。瑞士碳市场依然很小，只有很少的几个排放权在交易。瑞士国内法律想通过二氧化碳税减少碳排放。由于实施碳税，加上碳市场并不活跃，瑞士没有加入欧盟的排放交易机制。

瑞士的碳税是财政中性的，碳税收入会按比例重新分配给公司和居民。例如，如果居民承受了 60% 的碳税税赋，他们会收到60% 的收入再分配额，具体通过居民健康保险公司扣除一部分保险费来实施。对于公司而言，碳税收入会重新分配给所有公司，除了那些通过限额交易计划免税的公司。具体是根据公司员工的工资总额分配，然后通过联邦老年保险补偿基金补偿给公司相关的数额。2009 年 6 月，瑞士议会决定分配碳税的三分之一给气候友好建筑更新项目，该项目为 10 年期。此项目包含促进建筑更新，运用可再生能源、余热的利用，以及建筑工程学等方面。瑞士联邦理事会决定 2008 年到 2010 年的碳税收入在 2010 年分配。2008 年，每吨二氧化碳 12 瑞郎就使碳税收入达到 2.2 亿瑞郎。到 2010 年 6 月 16日，共有 3.6 亿瑞郎的碳税收入可供分配。国际能源署（IEA）表彰瑞士碳税的优秀设计，认为碳税收入再分配给市民是"健全的财政运作"。

2005 年起，瑞士的运输燃料也列入气候变化附加费征收对象中，附加费为每升汽油和柴油 0.015 瑞郎，该费用会有效到 2012年。时间虽短，但是运输燃料方面的碳税如果没能很好达到减排效果，这项费用将会对碳税发挥完善和补充作用。

二 南非的碳税政策

南非于 2010 年 9 月 1 日开始对新的机动车辆征收碳税，根据机动车二氧化碳排放量，对那些每公里排放超过 120 克二氧化碳的机动车征税。碳税从客车开始征税，最终发展到对商用机动车征税。对小型箱式轻便货车也征税，因为它们经常被用作客车。这项碳税引起行业骚动，南非的全国汽车制造协会（NAAMSA）反对对小型商用车征税。一是因为碳税会使机动车成本增加 2.5%，引起机动车销量降低。二是有人质疑用发动机功率来估测二氧化碳排放量的精确性。三是尽管碳税会有利于环境，但碳税对消费者不够透明，因为碳税的征收发生在机动车的生产阶段。四是碳税还有歧视，因为只对新机动车征收，旧车却可以免征。南非全国汽车制造协会认为，政府重点应该是在南非引入"绿色燃料"。

三　印度的国家行动计划

持续快速的经济增长对发展中大国印度也是至关重要的。印度人口庞大，随着制造业的大规模发展、城市化建设、基础设施的发展以及人们生活需求的不断提高，印度未来的温室气体排放必然大幅度增加。印度一半以上的电力是靠煤炭发电的。截至 2010 年 3 月，印度每年二氧化碳排放量为 5.71 亿吨，估计进口量在 1 亿吨左右。印度温室气体排放总量在发展中国家是仅次于中国的第二排放大国。不过，印度经济以服务业为主导的经济发展模式，决定了其与其他发展中大国相比，温室气体排放相对较小。

发展低碳经济同样是印度政府的战略选择。2008 年 6 月 30 日，印度发布《气候变化国家行动计划》，承诺到 2020 年使每单位 GDP 的二氧化碳排放量减少 25%（2005 年为基期），确定到 2017 年将实施第 8 个国家计划，内容涉及太阳能、水资源、提高能效、绿色印度、可持续生活等方面。印度的国家行动计划是推进印度经济和社会可持续发展的一个纲领性文件。该计划提出的措施包括：强制关停低效火电厂，支持整体煤气化联合循环发电和超临界技术研发；依据 2001 年的《能源节约法案》，对高能耗企业进行能源审核，电器试行节能标志等；依据 2003 年《电力办法》和 2006 年《国家关税政策》，印度中央和电监会将购买一定比例的可再生能源电量。

2010 年 7 月 1 日，印度开始在全国范围内征收每吨二氧化碳 50 卢比（约 1.07 美元）的碳税，征税对象既包括国内生产生活中的二氧化碳排放，也包括进口中包含的二氧化碳排放。根据估计，2010—2011 财年印度碳税收入将达到 250 亿卢比（5.35 亿美元）。

该项税收收入将被用于建立一个国家清洁能源基金 （NCEF）。

四 俄罗斯的低碳发展目标

《京都议定书》对俄罗斯规定的量化减排目标是，到 2012 年使其温室气体排放不超过 1990 年的水平；不过事实上，俄罗斯即使到 2020 年也很难达到其 1990 年的排放水平。经过反复讨论，2006年，俄罗斯根据《京都议定书》的要求，制定了具有自己特色的评估人类温室气体排放标准的法律基础，即 3 月 1 日颁布的政府法令278—R 号——"关于建立一个俄罗斯的评估人类温室气体排放的标准"；6 月 30 日，颁布了国家水文气象部法令 141 号——"关于俄罗斯评估人类温室气体排放的标准的确认"。2006—2009 年，俄罗斯逐渐形成了其独具特色的气候变化政策体系。

进入 2009 年，俄罗斯在制定气候变化政策方面更加"矛盾"也更加"实用"。4 月 23 日，国内环境能源部部长在其内阁演讲中指出：应对气候变化的经济适应系统的缺失，足以导致俄罗斯经济每年损失 2%—5%；每年都要花 600 亿卢布 （19.1 亿美元） 来弥补自然灾害的影响，而气候变化的加剧会使这些问题变得更加严重。5 月，俄罗斯发布"气候议定书"，舆论认为它是政府对气候变化立场的一个转折点。6 月 19 日，俄罗斯总统梅德韦杰夫发表了与环境能源部相反的声明，认为到 2020 年使温室气体排放量比1990 年减少 10—15%，俄罗斯不会以牺牲经济发展为代价减少温室气体排放；这意味着到 2020 年，俄罗斯二氧化碳排放量会上升到 30 亿吨，比 2009 年上升 3%。这份声明引起了国内外环保团体的广泛批评，认为俄罗斯所做的承诺过小。7 月 10 日，俄罗斯总统在 G8 峰会上再次确认了到 2020 年的减排目标，并指出俄罗斯有潜力到 2050 年减少其温室气体到 1990 年的 50%。8 月 1 日，普京总理在西伯利亚贝加尔湖的讨论会上指出，保证良好的生态环境已成为一个国家居民生活水平及健康的重要标准；生态环境问题的重要性已被纳入到俄罗斯未来发展的战略规划中，还要进一步完善有关生态安全的立法基础，大力提升能源利用效率，发展清洁能源和新能源等。

五　韩国的经济激励措施

韩国能源生产结构，大致为：煤炭（占总发电量的38%）、核能（37%）、燃气（18%）、石油（5%）和生物质能（1%）。2004年，韩国按二氧化碳排放占比排序，依序为：能源部门（83%）、工业部门（12%）、农业部门（3%）。2009年，韩国政府设定了一个自觉的指标，就是到2020年使二氧化碳排放量减少4%（2005年为基期），并期望在2020年开始实施碳交易计划。

2008年8月22日，韩国政府确定了一项议程，从碳税和运输税两方面提出了40项措施。其中建议碳税对二氧化碳排放征收，从中获得的税收收入绝大部分将用于对"低碳和绿色增长"活动融资。

2010年2月，韩国财政部称韩国正考虑实施碳税来促进减排，目标是到2020年使二氧化碳减排4%（2005年为基期）。这与2009年实施的限额交易计划相联系。韩国政府估计：如果每吨二氧化碳征收3.1万韩元（25欧元），按2007年二氧化碳排放量计算也会获得9.1万亿韩元（79亿美元）的税收收入；碳税收入可以用来减少公司所得税和个人所得税。2010年6月13日，韩国政府宣布对绿色项目研发加倍融资，到2013年融资3.5万亿韩元（29亿美元）。韩国财政部决定启动一项新的绿色科技专用基金，由国有韩国金融公司负责配给私有项目。政府预计2009—2013年期间，该项基金成为低碳投资的一部分，总值为107.4万亿韩元，相当于韩国一年GDP的2%。同时，韩国政府也发出信号，期望私有公司贡献2.4万亿韩元给基金。筹措的基金将主要用于支持那些减排温室气体、提高能源利用率的公司。此外，韩国政府还准备扩大税收优惠范围到太阳能、风能、地热能、低排量汽车、蓄电池和新型核反应堆等。不过，2010年7月22日，韩国工商业协会主席却请求韩国政府延迟执行碳税，认为如果政府碳税过于苛刻，公司负担会很重。

第三节 国外低碳发展的启示与借鉴

一 对国外低碳发展政策措施的评价

从相关国家和地区发展低碳经济的实践来看，政府在推动低碳经济发展中都发挥了重要作用，通过采取强有力的政策措施，使其低碳经济得到迅速发展并取得明显的社会经济成效。相关国家和地区的低碳发展政策措施，可概括为：（1）低碳能源政策，包括可再生能源政策、节约能源政策、能源技术政策等；（2）低碳技术政策，包括碳减排技术研发、应用和转让政策，碳封存技术政策，低碳技术标准等；（3）低碳产业政策，包括鼓励低碳产业发展、低碳产品生产、限制高碳产品生产与进口等政策；（4）低碳消费政策，包括绿色包装、绿色采购、绿色物流、绿色社区等；（5）财政税收政策，包括加大财政支出、税收优惠、开征碳税等政策；（6）金融政策，包括金融信贷政策、碳交易及金融衍生品交易等政策。这些低碳发展政策措施，具有不同的着力点。

（一）改造传统高碳产业，加强低碳技术创新

相关国家和地区在改造传统高碳产业、加强低碳技术创新上各有侧重。美国政府通过清洁煤计划发展清洁煤，目标是充分利用技术进步，提高效率，降低成本，减少排放。欧盟通过鼓励低碳技术研究开发廉价、清洁、高效和低排放的世界级能源技术。英、德两国将发展低碳发电站技术作为减少二氧化碳排放的关键，为此，英、德两国建设示范低碳发电站，加大资助发展清洁煤技术、碳捕获与碳封存技术等。德国制定了二氧化碳分离、运输和埋藏的法律框架。日本政府采取了综合性的措施与长远计划，资助基础设施以鼓励节能技术与低碳能源技术创新的私人投资，对可以大规模削减温室气体的碳捕获与碳封存技术予以大力支持。此外，还持续投资

化石能源的减排技术装备，如投资燃煤电厂烟气脱硫技术装备，形成了国际领先的烟气脱硫环保产业。

（二）积极发展可再生能源与新型清洁能源

美国政府通过"先进能源计划"强调增加可替代能源和清洁能源技术的投入，扩大核电能力，加强生物燃料的研发和运用，积极发展氢燃料的研发及相关基础设施建设。欧盟强调提高可再生能源使用比例，鼓励使用"可持续性"生物燃料，建立碳捕获与碳封存示范工厂。英国政府提出了发展新能源分三步走的战略，把可再生能源技术的研发和示范放在首位。德国政府通过《可再生能源法》确定重点发展风能、沼气等可再生能源，开展海上风力园实验项目，推广热电联产技术。日本在清洁能源方面则强调发展核电和太阳能。

（三）加强国际范围内的减碳协作

对于气候变化这个全球最大的公共物品，单靠任何一个国家是无法完成减碳任务的。因此，西方各国纷纷加强协作，推动低碳发展。例如，德国近年来发起欧盟与美国间的"跨大西洋气候和技术行动"，重点是统一标准，制订共同的研究计划等，并在 2007 年 4 月召开的欧盟与美国首脑会议上确定了该项行动的具体措施。

（四）应用市场机制与经济杠杆，促使企业和居民减碳

1. 强制性法规标准

政府通过立法和颁布行业/部门的最低能效标准和排放标准，以推动低碳经济发展。例如，美国对汽车以及大多数家用能源设施实施最低能源效率标准。英国出台了可持续住房标准，分为 6 个等级限定能源效率和用水效率的最低消费标准。巴黎市政府规定市内所有新建筑必须遵守每年在暖气和热水消费方面不超过每平方米 50 千瓦时的标准，需要整修的旧房的标准为 80 千瓦时。日本按照汽车重量对汽油和柴油轻型客货车制定了燃油经济性标准。

另外，为推动新型可再生能源的发展，政府还用法律的形式对可再生能源的应用比例进行强制性规定。

2. 排污权交易

英国于 2002 年正式实施排放交易机制，成为世界上第一个在国内实行排放市场交易的国家。德国于 2002 年开始着手排放权交易的准备工作，目前，已形成了比较完善的法律体系和管理制度。欧盟在各成员国基础上建立了温室气体排放贸易体系，扩大交易范围，除了污染性工业企业和电厂外，交通、建筑部门都可以参与交易，并于 2005 年在欧洲范围内实施了公司级别上的排放交易。

3. 财政与税收政策

许多国家建立了发展低碳经济的财税政策体系。例如，英国政府推出为期 25 年的可再生能源义务和气候变化税以替代非化石燃料义务和化石能源税。意大利政府于 2007 年初推行能源一揽子计划，出台了一系列推动节能和可再生能源发展的财政措施。

表 2.1　　　　主要国家低碳发展政策相关的文件、法案简表

英国	1990 年 "非化石燃料公约"；1999 年《可再生能源义务令》；2000 年《气候变化计划》；2003 年《能源白皮书》；2004 年《能源法》；2006 年《能源回顾》；2007 年《能源白皮书》、《气候变化法草案》等。
德国	2000 年《可再生能源法》；2002 年《环境相容性监测法》；2004 年修订《可再生能源法》；2009 年 "二氧化碳捕获与碳封存" 的法规等。
欧盟	2007 年《欧盟能源技术战略计划》；2009 年《关于促进和利用来自可再生供给源的能源条例草案》；欧盟关于禁用白炽灯和其他高耗能照明设备的法规等。
美国	2006 年总统《国情咨文》"先进能源计划"；2007 年参议院《低碳经济法案》；2009 年美国加利福尼亚州 "低碳燃料" 标准；2009 年奥巴马的新能源政策、"总量控制和碳排放交易" 计划等。
日本	2004 年《面向 2050 年的日本低碳社会情景》；2008 年《面向低碳社会的 12 大行动》、《福田蓝图》；2009 年《绿色经济与社会变革》政策草案等。

概括讲，相关国家和地区都根据自身的国情和科技水平，采取了适合自己国家的政策措施，推动低碳发展。

二　国外低碳发展的启示

（一）建立和完善低碳发展的政策法规体系，综合运用并发挥其对低碳发展的促进作用

从国际经验来看，建立基本的法律体系，树立发展低碳经济的行为规范是促进低碳发展的基础。作为由国家制定和执行的社会行为准则，法律对推动低碳经济发展发挥着重要作用。

一是将低碳发展或可持续发展作为国家或地区和城市的发展战略，并通过法规予以确定，保证了低碳政策的权威性；并且在低碳政策的制定和执行上明确了政策目标，设立了明晰的低碳组织架构，并制定了部门之间和区域之间的协调机制。不少国家还通过立法确定温室气体减排计划或减排方案。

二是将低碳发展政策的实施与就业、经济增长相协调，保证低碳发展政策有利于增加就业，减轻低碳发展政策对企业和经济发展的冲击。

三是在法律的框架下，针对各自温室气体排放清单制定了包含相关行业的详细而具有可操作性强的执行措施，并对执行这些措施可能产生的经济和社会效果进行及时评估。

四是在政策的制定上做到了强制性政策与自愿性政策相结合，财税政策和金融政策与产业政策相融合。

（二）以促进节能为重要途径，对全过程进行政策组合和运用

相关国家和地区低碳发展政策措施现行重点是节能。技术政策强调促进先进节能技术和节能产品的开发和推广。产业政策强调围绕工业节能鼓励采用节能技术、节能设备，鼓励新能源产业发展。财税政策、金融信贷政策强调对工业、建筑、交通运输等重点领域的节能进行政策引导。低碳消费政策则强调围绕低碳生活、低碳城市和基础设施进行节能，在公共建筑物中推广利用太阳能，在家庭推广使用节能电器，鼓励使用公共交通工具进行绿色出行。

（三）通过技术研发和创新鼓励新能源开发和提高能效

相关国家和地区的低碳发展政策都强调了新能源开发和提高能效，尤其是低碳技术的研发、应用和转让。低碳技术包括四大领域：对现有能源技术的改造；太阳能、风能、水能、生物质能、海洋温差、潮汐、海浪、燃料电池等新能源技术及电力转换技术；提高能源效率技术；碳捕获技术等。鼓励新能源开发和提高能效，都需要科技创新。一是在保护大气环境方面，各国鼓励环保新技术的研发和旧技术的创新，发展排放控制新技术和排放预防技术。二是在产业结构调整中，各国加快发展能耗低、污染少的产业，对原有产业和产品的技术装备水平和生产工艺进行改造，以减少污染物的排放。三是在提高能源效率和节能方面，重点发展节能技术、新能源开发与利用技术等，并通过技术改造来提高现有住宅、办公建筑物、交通运输工具以及工业场所的能源效率以实现节能目标。四是在使用清洁能源方面，主要依靠提高技术水平来降低生产可再生能源的成本，促进风能、太阳能、生物能、地热能等广泛使用。

（四）合理运用财税政策对低碳发展进行逆向约束和正向激励

运用财税政策促进低碳经济发展是一个普遍的选择。通过运用财税等市场工具来对企业和个人进行逆向约束和正向激励，从而引导社会在研发、生产、销售、使用、服务全过程中的"低碳化"。在逆向约束财税政策方面，北欧国家实施了碳税，法国和德国开始征收生态税，英国实施了"气候变化税"，日本对化石能源中的碳含量征收环境税，OECD国家开征能源开采税等。这些逆向约束的财税政策不仅通过价格杠杆引导低能耗、低排放的生产和生活方式，还起到了增加政府收入从而为其他节能减排活动筹措资金的作用。在正向激励财税政策方面，主要通过减税、免税、退税、特别折旧、投资抵扣等税收优惠或财政投资与补贴等税式支出政策来鼓励低碳化。例如，在节能、使用或生产可再生能源、替代能源方面美国较多地运用税收抵免和加速折旧手段，日本也强调使用税收优惠、加速折旧、税收抵免等手段。又如美、英、丹麦等国对新能源技术、碳封存技术研发给予补贴，对清洁能源、可再生能源公共基础设施的投资给予补贴等。

另外，在国际范围意义上实施碳关税也成为一个国际性话题，因为有些国家或地区为逃避严格的二氧化碳排放管制，可能会把生产制造等经营活动转移到其他国家。

（五）推动碳金融市场发展

碳金融市场包括碳交易、绿色信贷等活动。目前，全球已建立了20多个碳交易平台。随着碳排放权类产品的交易平台的建立，碳市场交易活动日益活跃。根据世界银行报告，2008年全球碳排放市场规模扩大至1 263亿美元，较2005年的108亿美元增加了近11倍。碳交易市场通过碳排放权的分配和交易制度，避免市场扭曲，减少交易成本，有助于借助排放权管理推动低碳发展。但是，碳排放权的分配涉及发展权和公平性，需要审慎对待和共同治理。

绿色信贷已成为一种国际潮流，其中"伯尔第斯原则"和"赤道原则"开始成为国际银行业开展绿色信贷实践的操作指南。"赤道原则"要求银行根据环境风险和社会风险选择贷款对象并区别对待，要求借款人完成"环境评估"报告，对是否包含了危害物质的使用、职业健康和安全、非自发的人员迁移和污染防治等15个方面进行环境影响评估。

推动碳交易、绿色信贷等碳金融市场发展，是发展低碳经济的重要方面，发展空间和作用潜力巨大。

（六）鼓励全民行动，建设低碳社会

社会大众是发展低碳经济的重要主体。因此，要制定与居民住房、交通等消费相关的需求管理政策，引导人们向低碳节能的生活方式转变；要积极通过加大财政投入，培育低碳发展相关人才和能力建设，支持研发机构等组织参与低碳技术研发和政策研究；同时，要通过各种宣传和教育项目，动员全民参与实施低碳发展战略。

第 三 章

中外发展低碳经济主要措施的
技术经济对比分析

通过发展低碳经济有效应对全球气候变化，实现可持续发展，已经成为全球的一种共识。发达国家和发展中国家都在为此进行努力。中国政府结合自身的实际情况，从"十一五"时期就提出了以节能减排政策为重点来推动低碳经济的发展战略。北京市作为首都，在节能减排方面走在了全国的前列，为全国实现节能减排目标做出了重要贡献，也探索了一条通过节能和发展低碳产业实现温室气体减排的有效路径。

第一节　中国低碳发展的政策措施

中国是一个高耗能的国家，作为最大的发展中国家，低碳经济为我们带来了挑战，也同时带来了机遇。走低碳经济的发展道路，在发展的同时实现节能减排，对我国来说是一种双赢的选择，既能化解国际上的压力又符合我国的特殊国情。因此，要借鉴国外发展低碳经济的经验，有效推进中国特色的低碳发展战略。

一　中国发展低碳经济的背景及目标

当前中国正处于快速工业化和城市化进程中，不可避免地要消费大量能源和资源，因此，中国未来经济发展需要较大的能源供给和温室气体排放空间。1980—2009 年期间，中国 GDP 年均增长率超过 9.8%。中国经济的持续高速增长是中国发展低碳经济的重要背景之一。

2008 年，中国能源消费占世界总消费量的 16.4%，位列美国之后成为世界第二大能源消费国；二氧化碳排放量占世界的 22.3%（IEA，2010）。中国能源消费和温室气体排放的净增长趋势显示中国减排形势严峻。此外，从主观方面来说，中国社会正在进行的两型社会的建设也需要寻求更科学更环保的经济发展模式。"国民经济发展'十一五'规划"中就明确提出要把单位 GDP 能耗在五年内降低 20%，同时"控制温室气体排放"。因此，在未来 20—50 年间，中国需要在工业化发展和温室气体减排之间寻求平衡。

另一方面，从国际政治的角度来看，随着中国的崛起，国际社会也要求中国承诺更多的温室气体减排义务，如国际上就有观点认为，要实现《联合国气候变化框架公约》"把大气中温室气体浓度稳定在防止气候系统受到危险的人为干扰的水平上"的最终目标，要以中国实施大量减排为先决条件。实际上，中国目前在总量上已成为世界上两大化石燃料燃烧的二氧化碳排放国之一（IEA，2010）。因此，中国在减排方面遇到的国际政治压力也将会越来越大。要树立作为国际社会中负责任的大国形象，中国也必须走低碳发展之路。

2006 年以来，我国先后发布《气候变化国家评估报告》、《中国应对气候变化国家方案》和《国家环境保护"十一五"规划》，提出大力发展新能源技术、提高能效、开发替代能源，并明确控制气候变化的具体目标：到 2010 年实现单位 GDP 能耗比 2005 年降低 20%，力争到 2010 年使我国可再生能源的比重提高到 10%，到 2020 年提高到 15%。我国政府还明确提出，到 2020 年单位国内生产总值二氧化碳排放将比 2005 年下降 40%—45% 的低碳战略目标。

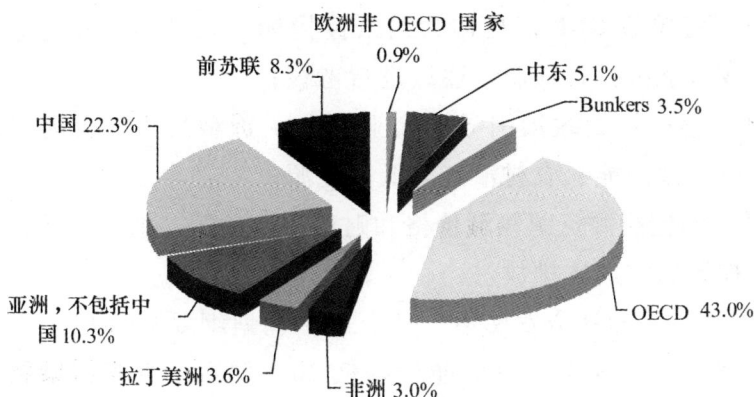

图 3.1　2008 年全球二氧化碳排放量 29 381 百万吨的构成

数据来源：IEA，Key World Energy Statistics，2010.

二　中国发展低碳经济的政策和措施

气候变暖是全球十大环境问题之首，其中人类社会大量排放二氧化碳等温室气体所形成的温室效应是气候变暖的根源。目前，我国人均二氧化碳排放量仍然比较低，但国际能源署（2010）估计我国在总量上已成为世界上两大化石燃料燃烧的二氧化碳排放国之一，并预计到 2050 年我国能源消耗有可能占世界能源总消耗的 60% 左右。基于此，发达国家要求中国等发展中国家承诺减排温室气体的呼声越来越高。面对国际减排压力和国内经济可持续增长、能源安全、环境保护多方面的要求，二氧化碳减排已经是我们必须认真对待的十分紧迫的问题。根据各国的经验和教训，中国在低碳发展方面提出和实施了很多政策和措施。

中国政府在"十一五"期间采取了一系列措施发展低碳经济，应对气候变化。这些举措主要包括五个方面：

（1）制定并实施中国应对气候变化的国家方案，明确了应对气候变化的具体目标、基本原则、重点领域和政策措施；

（2）着力推进经济发展方式的转变和经济结构的调整，采取淘汰落后产能政策和行动，鼓励和倡导节约能源资源的生产方式和消费方式；

（3）将单位 GDP 能耗作为约束性指标纳入规划，并建立了地方、企业节能减排责任制，逐级进行考核；

（4）通过加大政策引导和企业参与、资金投入，大力发展水能、核能、太阳能、农村沼气等低碳能源；

（5）深化能源资源领域价格和财税体制改革。通过一系列改革措施，控制温室气体排放。

《国民经济和社会发展第十一个五年规划纲要》提出了"十一五"期间单位国内生产总值能耗降低 20% 左右，主要污染物排放总量减少 10% 的约束性指标。根据这两个指标，如中国 GDP 年均增长一成，五年内就需要节能 6 亿吨标准煤，减排二氧化硫 620 多万吨、化学需氧量 570 多万吨。根据国家发改委于 2007 年会同有关部门制定的《节能减排综合性工作方案》，具体的措施包括以下几个方面：

（1）控制高耗能、高污染行业过快增长。严格控制新建高耗能、高污染项目。严把土地、信贷两个闸门，提高节能环保市场准入门槛。抓紧建立新开工项目管理的部门联动机制和项目审批问责制，实行新开工项目报告和公开制度。建立高耗能、高污染行业新上项目与地方节能减排指标完成进度挂钩、与淘汰落后产能相结合的机制。继续运用调整出口退税、加征出口关税、削减出口配额、将部分产品列入加工贸易禁止类目录等措施，限制高耗能、高污染产品出口。加大差别电价实施力度，提高高耗能、高污染产品差别电价标准。组织对高耗能、高污染行业节能减排工作专项检查，清理和纠正各地在电价、地价、税费等方面对高耗能、高污染行业的优惠政策。

（2）加快淘汰落后生产能力。"十一五"期间，加大了淘汰电力、钢铁、建材、电解铝、铁合金、电石、焦炭、煤炭、平板玻璃等行业落后产能的力度（规划见表 3.1），实现节能 1.18 亿吨标准煤，减排二氧化硫 240 万吨。加大了造纸、酒精、味精、柠檬酸等行业落后生产能力的淘汰力度，"十一五"期间实现减排化学需氧量（COD）138万吨。制定淘汰落后产能分地区、分年度的具体工作方案，要求地方政府对不按期淘汰的企业依法予以关停，有关部门依法吊销生产许可证和排污许可证并予以公布，电力供应企业依法停止供电。对没有完成淘汰落后产能任务的地区，国家要严格控制安排国家投资项目，实行项目"区域限批"。建立落后产能退出机制，有条件的地方要安排资金支持淘汰落后产能，中央通过增加转移支付，对经济欠发达地区给予适当补助和奖励。

（3）完善促进产业结构调整的政策措施。进一步落实促进产业结构调整暂行规定。根据不同行业情况，适当提高建设项目在土地、环保、节能、技术、安全等方面的准入标准。修订《产业结构调整指导目录》，鼓励发展低能耗、低污染的先进生产能力。尽快修订颁布《外商投资产业指导目录》，鼓励外商投资节能环保领域，严格限制高耗能、高污染外资项目，促进外商投资产业结构升级。调整《加工贸易禁止类商品目录》，提高加工贸易准入门槛，促进加工贸易转型升级。

（4）积极推进能源结构调整。制定出台中长期规划，大力发展可再生能源，稳步发展替代能源；组织实施专项规划，启动非粮生物燃料乙醇试点项目。实施生物化工、生物质能固体成型燃料等示范项目。抓紧开展生物柴油基础性研究和前期准备工作。推进煤炭直接和间接液化、煤基醇醚和烯烃代油大型台套示范工程和技术储备。大力推进煤炭洗选加工等清洁高效利用。

（5）落实《国务院关于加快发展服务业的若干意见》，抓紧制定实施配套政策措施，促进服务业和高技术产业加快发展，提高服务业和高技术产业在国民经济中的比重和水平。

（6）加快实施十大重点节能工程，"十一五"期间形成2.4亿吨标准煤的节能能力。实施钢铁、有色、石油石化、化工、建材等重点耗能行业余热余压利用、节约和替代石油、电机系统节能、能量系统优化，以及工业锅炉（窑炉）改造；加快核准建设和改造采暖供热为主的热电联产和工业热电联产机组；组织实施低能耗、绿色建筑示范项目，推动北方采暖区既有居住建筑供热计量及节能改造，开展大型公共建筑节能运行管理与改造示范，启动可再生能源在建筑中规模化应用示范推广项目；推广高效照明产品，中央国家机关率先更换节能灯。

表3.1　　　　　"十一五"时期淘汰落后生产能力规划一览表

行业	内容	单位	"十一五"	2007
电力	"上大压小"关停小火电机组	万千瓦	5 000	1 000
炼铁	300立方米以下高炉	万吨	10 000	3 000
炼钢	年产20万吨及以下小转炉小电炉	万吨	5 500	3 500
电解铝	小型预焙槽	万吨	65	10
铁合金	6 300千伏安以下矿热炉	万吨	400	120
电石	6 300千伏安以下炉型电石产能	万吨	200	50
焦炭	炭化室高度4.3米以下的小机焦	万吨	8 000	1 000
水泥	等量替代机立窑水泥熟料	万吨	25 000	5 000
玻璃	落后平板玻璃	万重箱	3 000	600
造纸	年产3.4万吨以下草浆生产装置、年产1.7万吨以下化学制浆生产线、排放不达标的年产1万吨以下以废纸为原料的纸厂	万吨	650	230.0
酒精	落后酒精生产工艺及年产3万吨以下企业（废糖蜜制酒精除外）	万吨	160	40.0
味精	年产3万吨以下味精生产企业	万吨	20	5.0
柠檬酸	环保不达标柠檬酸生产企业	万吨	8	2.0

专栏　"十一五"期间十大重点节能工程

通过实施十大重点节能工程，"十一五"期间，可实现节能2.4亿吨标准煤（未含替代石油），重点行业主要产品（工作量）单位能耗指标总体达到或接近21世纪初国际先进水平。

燃煤工业锅炉（窑炉）改造工程

更新改造低效工业锅炉，建设区域锅炉专用煤集中配送加工中心；淘汰落后工业窑炉，对现有工业窑炉进行综合节能改造。

区域热电联产工程

建设采暖供热为主热电联产和工业热电联产，分布式热电联产和热电冷联供，以及低热值燃料和秸秆等综合利用示范热电厂。

余热余压利用工程

在钢铁、建材、化工等高耗能行业，改造和建设纯低温余热发电、压差发电、副产可燃气体和低热值气体回收利用等余热余压余能利用装置和设备。

节约和替代石油工程

在电力、石油石化、建材、化工、交通运输等行业，实施节约和替代石油改造；发展煤炭液化石油产品、醇醚燃料代油以及生物质柴油。

电机系统节能工程

更新改造低效电动机，对大中型变工况电机系统进行调速改造，对电机系统被拖动设备进行节能改造。

能量系统优化工程

对炼油、乙烯、合成氨、钢铁企业进行系统节能改造。

建筑节能工程

新建建筑全面严格执行50%节能标准，4个直辖市和北方严寒、寒冷地区实施新建建筑节能65%的标准，并实行全过程严格监管。建设低能耗、超低能耗建筑以及可再生能源与建筑一体化示范工程，对现居住建筑和公共建筑进行城市级示范改造，推进新墙体材料和节能建材产业化。

绿色照明工程

以提高产品质量、降低生产成本、增强自主创新能力为主的节能灯生产线技术改造，高效照明产品推广应用。

政府机构节能工程

既有建筑节能改造和综合电效改造，新建建筑节能评审和全过程监控，推行节能产品政府采购。

节能监测和技术服务体系建设工程

省级节能监测（监察）中心节能监测仪器和设备更新改造，组织重点耗能企业能源审计等。

三　我国发展低碳经济的制约因素

全球气候变化是当前国际社会普遍关注的重大问题。但是，我国作为发展中国家，如果像发达国家那样减排温室气体，将可能严重制约我国能源工业和国民经济的发展，我国经济和社会发展的长期目标将受到严重挑战。发展低碳经济有助于缓解我国面临的温室气体减排压力和保护资源环境，规避可能出现的"气候壁垒"对我国经济造成的实质损害，实现气候变化背景下我国可持续发展战略目标。不过，目前我国发展低碳经济也面临着诸多制约因素。

（一）以煤炭为主要能源的能源结构是低碳发展的一大制约因素

中国以煤炭为主要能源的能源结构短期难以改变。目前全国85％的二氧化碳、90％的二氧化硫和73％的烟尘都是由燃煤排放的。虽然我国基本上已经形成了以煤炭为主、多种能源互补的能源结构，但是一次能源生产和消费的65％左右仍为煤炭，而且这种以煤为核心的能源结构在现在以及今后相当长的时期内都很难改变。

随着经济的发展，我国对能源的需求将越来越大，煤炭的消耗会随之大幅度提高，由此带来的二氧化硫、一氧化氮、二氧化碳等气体排放也将进一步增加。

（二）我国目前所处的发展阶段与低碳发展要求存在矛盾

中国仍然处于工业化和城市化的进程中，对高能耗的商品需求仍将持续一段时间。目前我国处于快速工业化的发展阶段，重化工业发展比较迅速，水泥、钢材、石化等高耗能的行业含碳量非常高。这给我国发展低碳经济带来不小压力。如何提高这些行业的生产水平和技术，在生产优质产品的同时减少碳排放量是我国今后应该关注和研究的问题。中国的高能耗工业部门大都是国民经济的支柱产业，经济要发展、人民生活水平要提高，都还有赖于这些产业的基础性支持，在就业压力和税收压力较大的情况下，要在短期内实现产业结构的有序进退，淘汰落后产能、加快结构调整，仍存在难度。一方面，相当一部分工艺和装备落后、资源利用率低、环境污染重的中小企业的关停并转受到地方利益的保护。另一方面，不少地方和企业仍我行我素，争先恐后上项目，特别是重化工项目，对国家的相关规定置之不理。

此外，目前中国经济高速增长，经济规模总量已超过日本，位居世界第二，而且成为全球制造基地，所形成的巨大产能不仅要满足国内需求，也要满足外部需求，必然对能源有较高的需求。而随着国内经济的快速发展，人民收入水平也得到不断提高，由此对汽车等高碳排放商品的需求还将快速增长。

（三）总体技术水平落后是我国低碳发展的严重障碍

实现低碳经济是保护气候的重要途径之一，但要真正地实现低碳经济还需要很多科技的支撑。比如甲烷的回收利用、HFC - 23 焚烧、氧化亚氮的分解、二氧化碳收集并储存到地下等。

产业技术体系仍参差不齐，既有国际水平的大型联合企业，也有非常落后的作坊式企业，中国在能源生产和利用、工业生产等领域发展低碳经济的技术水平也参差不齐，技术开发能力和关键设备制造能力差，产业体系薄弱，不能完全满足低碳经济发展的需要。

（四）促进低碳发展的市场化机制不完善

市场经济体系仍然不够完善，技术标准低，市场退出机制不健全，导致大量落后产能"劣币驱除良币"。从行政手段向市场化方式过渡、建立节能减排的长效机制尚需时日。当前，中国节能减排工作仍然主要是由中央政府主导和以行政手段为主，依靠节能减排指标的层层分解来约束地方政府和企业实施，缺少长效机制，没有转化为企业的自觉行动，企业缺乏加大投入的内在动力和外在压力。碳排放市场没有建立，没有形成推动企业实现减排的市场机制。

资源价格体系仍然没有理顺，土地资源保护不够，给落后产能提供了存在和成长的空间。理顺以资源性产品为代表的要素价格，无疑对形成节能减排的市场机制起着重要作用。但在通货膨胀压力较大的情况下，理顺资源性产品的要素价格将进一步加大整体物价水平上涨的压力。所以，一些资源性产品的价格形成机制还不能充分反映资源稀缺程度、环境损害成本和供求关系，"污染者付费"原则没有很好地落实。

虽然我国发展低碳经济面临着一些困难，但同时我国在提高能源效率和节能、优化能源结构、调整产业结构、增加碳汇、提升科技创新能力、改进消费方式等方面具有很大的发展潜力。目前我国还处于发展低碳经济的起步阶段，因此，在适当时候完善低碳经济发展战略，建立有利于低碳经济发展的政策法律体系和市场环境必不可少。另外，加快能源结构和产业结构调整的步伐，同时加强国际合作，充分利用国际机制和国际资源都将有助于我国发展低碳经济，保护我们的环境资源。

第二节 北京市低碳发展现状、成效和
实施的政策措施和项目

一 北京市低碳发展现状

北京作为我国的政治、文化、科技中心和首都,"十一五"期间在低碳发展方面走在了全国省级层次的前列。根据北京 2010 年统计年鉴,"十一五"前 4 年,北京市以年均 4.47% 的能源消耗增长支撑了年均 11.49% 的经济增长速度,万元 GDP 能耗由 2005 年的 0.79 吨标准煤下降到 2009 年的 0.606 吨标准煤,累计下降23.34%,超额实现"十一五"下降 20% 的目标,累计下降率和完成进度两项指标在全国省区市层次上均位居全国首位。

图 3.2 给出了 1980—2009 年间北京能源消费总量和万元 GDP能耗下降率的历史变动轨迹。

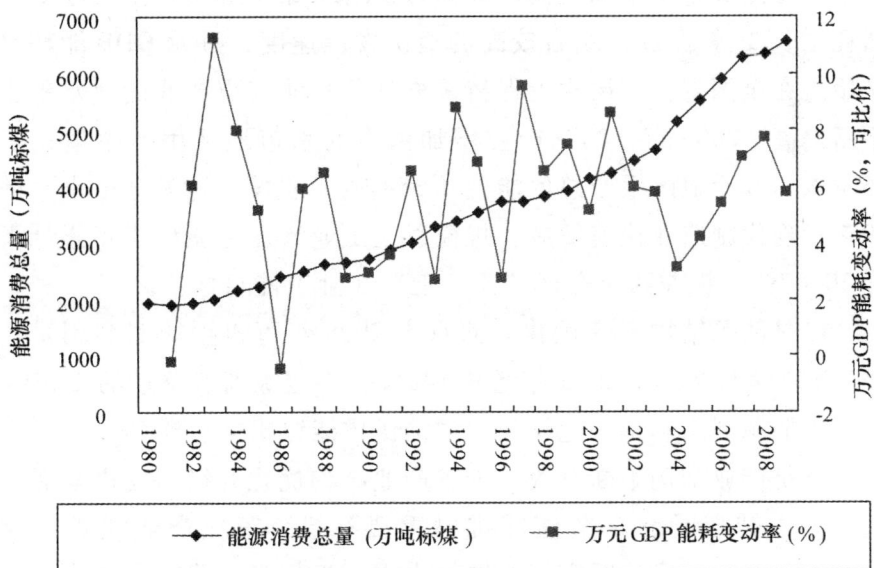

图 3.2 1980—2009 年间北京能源消费变动轨迹

表 3.2 给出了 2009 年北京能源消费在全国省区市层次的相对地位。

表 3.2　　　　　　2009 年北京与全国各省市的能源消费指标对比

	单位地区生产总值能耗（等价值，吨标准煤/万元）	单位工业增加值能耗（规模以上，当量值，吨标准煤/万元）	单位地区生产总值电耗（千瓦小时/万元）
北京	0.606	0.909	681.85
全国平均	1.366	2.291	1401.22
排名位次	1	2	1

二　北京市低碳发展成效显著

"十一五"以来，北京市全面落实中央节能减排工作要求，抓住奥运筹办机遇，加快转变发展方式，大力调整产业结构，大力展开节能攻坚，初步形成了低消耗、低排放、低污染的经济发展模式，低碳发展成效显著。突出表现在：

一是能源效率不断提高。2000 年以来，北京以 6% 左右较低的能耗增长支撑了 12% 左右较高的经济发展速度，万元 GDP 能耗水平始终在全国省区市层次上保持领先地位；北京市产业能效水平也不断提高。2009 年，第三产业增加值占北京市地区生产总值比重 75.8%，万元地区生产总值能耗 0.358 吨标准煤，约为全市水平的 59%；现代制造业快速发展，规模以上工业增加值能耗 3 年累计下降 30.87%，提前两年实现"十一五"工业节能目标。

二是能源结构不断优化。北京市 2008 年可再生能源利用量达 150 万吨标准煤，比 2005 年增长 140%，占能源消费总量的 2.5%，可再生能源利用总量快速增长，清洁优质能源比重达到 67%。

三是产业结构不断升级。推进产业结构优化升级，促进发展方式的根本转变是北京节能减排的重要举措。第三产业比重达到 73%，基本达到发达国家产业结构水平；近年来，北京市坚决退出"三高"企业，已完成首钢压产 400 万吨，搬迁调整北京有机化工厂等一批"三高"企业，淘汰退出小化工、小水泥、小铸造等 7 个行业的 100 多家企业。初步计算，结构节能贡献率约为 80%。"十一五"期间，北京市在节能降耗方面走在全国前列，在产业结构升级中提前淘汰"三高"产业，减少了清洁绿色发展的羁绊。

四是初步建立起多层次的节能减排政策体系。北京市促进节能减排的长效机制逐步形成。"十一五"期间，北京市研究修订了《北京市实施〈中华人民共和国节约能源法〉办法》、《北京市水污染防治条例》。出台《北京市循环经济试点工作实施意见》，成为全国首个省级政府推进循环经济发展的实施办法；出台《北京市合同能源管理项目扶持办法（试行）》、《北京市节能减排专项资金支持合同能源管理项目实施细则（试行）》及两个配套办法，对符合条件的合同能源管理项目给予重点支持。北京市还发布《振兴发展新能源产业实施方案》、《加快太阳能发展指导意见》，切实推进了新能源和可再生能源的大力发展；同时，出台《公共机构办公建筑用电分类计量技术要求》和《公共机构办公建筑采暖用热计量技术要求》两项地方标准，为公共机构实施电热计量管理提供技术支撑；出台《全面推进生活垃圾处理工作意见》，为北京市系统推进生活垃圾处理工作提供了保障。

五是城市绿化率水平大幅度提升，碳汇作用明显。

六是新能源、节能环保等低碳技术研发及推广应用取得积极进展。

新技术和新产品推广是北京市推动节能工作的重要引擎。近年来，北京市坚持定期推广节能新技术、新产品，连续 3 年发布推广目录，推广余热余压利用等 175 项新技术、新产品，开展节能超市试点。

七是随着社会经济水平的提高，社会响应体系不断成熟，居民低碳等环境意识大幅提升。这些都是北京进一步低碳发展的良好基础。北京市制订完成《绿色北京行动计划（2010—2012 年）》并向社会公开征求意见，为实现生产清洁化、消费友好化、环境优美化、资源高效化的绿色现代化发展奠定基础。

三　北京市实施的低碳发展政策措施和项目

"十一五"以来，北京结合低碳发展项目，实施了一系列低碳发展政策措施。其中的低碳发展项目，集中在5个领域：（1）新能源产业基地项目。（2）北京市着力推进六大"金色阳光"工程，进行太阳能综合利用项目建设。（3）电动汽车用充电站基础设施建设项目。（4）积极推广面向低碳化的社区规划手段、建筑技术和社区管理方式，建设一批绿色示范建筑项目。（5）低碳化城市交通体系整合工程项目，进行轨道交通体系、快速公交通行系统、慢行交通系统、智能交通体系的建设。

与这些低碳发展项目相应的政策措施包括：

1. 能源与环境政策法规

作为低碳经济的重要环节，可再生能源的利用是绿色北京建设的关键。为了提高能源消费层次，优化能源结构，北京市编制了2008—2020年的能源规划实施方案，其中对天然气的消费比例会大幅度提高。在太阳能等可再生能源的利用方面，北京将加快推进官厅风电场二期建设，以太阳能与建筑一体化为核心，积极推进大型光伏电站、光能热水系统、阳光浴室、阳光校园和园林夜景等一批示范项目建设，到2012年，实现光伏发电装机容量达100兆瓦。据悉，北京已在延庆启动了30兆瓦的大型光伏电站项目。下一步将出台风力发电、垃圾发电和太阳能发电的政策，届时可再生能源上网后可进一步加大可再生能源的利用，以改善火电对煤炭的依赖。到2012年，力争实现天然气占能源利用总量的比重达到12%。与此同时，北京将以建设中关村国家自主创新示范区为契机，加大新能源和节能环保产业培育力度，把北京建成全国新能源和节能环保产业技术创新中心和高端制造基地。

近年来，北京市先后修订出台《北京市实施〈中华人民共和国节约能源法〉办法》和《北京市水污染防治条例》等地方性法规；出台落实《北京市应对气候变化方案》；目前正研究制定《北京市加快太阳能开发利用促进产业发展指导意见》；编制发布《绿色北京中长期建设规划》；《关于进一步落实大气污染防治措施，努力改善环境质量的决议》、《北京市防治机动车排气污染管理办法》、《关于进一步加强环境保护工作的决定》等一系列政策措施。同时，还研究出台建设绿色市场、引导绿色消费、加强废弃资源综合利用的具体政策和措施。这些都是为了推动北京早日实现"绿色循环大市政"。

2. 产业政策

为适应首都城市特性，北京大力调整产业结构，在创新政策措施、完善机制体制方面成就突出。围绕工业增量和减量化，大力引入和发展高端产业、淘汰和退出劣势产能、促进清洁生产、创新改造节能技术。在全国率先提出"以奖代补"和"委办联动"的方式，鼓励"高污染、高耗能、高耗水"企业主动退出，同时辅以相关替代产业促进政策，有效加速了"五小"企业退出北京的进程。1999年北京市政府就出台了《北京市关于促进环保产业发展若干规定》，并于2000年出台了实施细则。该规定中，北京市财政设立环保专项资金，采取贷款贴息、投资入股、风险投资、投资担保等方式，重点支持环保技术创新、产品开发、成果转化等；增加对环保产业科技投入；并对环保产业项目和企业给予融资支持和税收优惠。据统计，2009年北京万元GDP能耗以6.04%的降幅排名第一，成为全国唯一连续两年完成节能指标的省份。在绝对数值上，每万元产值0.714吨标准煤的能耗也创下全国省市层次上的最低。

3. 低碳消费政策

（1）北京东城区开始建立低碳经济总部基地。利用总部企业聚集、低碳能源央企及投资机构汇聚、产业金融发展迅猛等优势，北京市东城区打造低碳金融产业功能区，建设低碳经济总部基地。东城抓住能源央企大举进入低碳产业的有利时机，在东二环沿线形成高端新能源、节能减排产业的聚集效应。通过建设低碳城区营造产业环境，在东城聚集低碳金融产业链，打造具有影响力的低碳金融产业功能区。

（2）建筑节能的深度广度不断跨越。北京市从 1988 年启动建筑节能工作以来，通过加强建筑节能技术、节能产品的研究开发和推广应用，强制执行建筑节能设计标准，限制和淘汰落后高耗能材料和产品，使建筑节能工作得到了较快发展。截止到 2007 年底，全市累计建成节能住宅 2.48 亿平方米，占全部住宅的 72%；累计建成节能建筑 2.75 亿平方米，占现有民用建筑总量 49.93%，节能建筑比例与总量均为全国首位。节能工作从居住建筑发展到公共建筑，从新建建筑发展到既有建筑节能改造，从城镇建筑节能发展到农村建筑节能。

（3）积极推行"绿色交通"。绿色交通将促成"绿色循环大市政"实现更节能和更环保的愿景。下一步将在公交、环卫、出租等公共服务领域开展以混合动力和纯电动汽车为重点的规模示范，并扩大天然气汽车的应用规模。"到 2012 年形成 5 000 辆的新能源汽车示范应用、配套建设充电站等相关设施，并对公交、环卫等公共服务领域用车试点安装节油装置"。

2009 年 7 月北京市政府颁布了《北京市建设人文交通科技交通绿色交通行动计划（2009—2015 年）》，提出了"着力推进公交城市建设"，实现绿色出行。促进节能环保材料和再生资源利用，推广矿山废弃物、废旧轮胎胶粉沥青、建筑垃圾的再生利用，推广温拌沥青、蓄能自发光涂料、透水步道砖等新材料的应用；扩大轨道交通新型节能通风、空调和再生制动能量利用等技术应用；扩大高速公路不停车收费系统（ETC）使用规模；推广应用纯电动和混合动力等新能源汽车，完善配套设施建设。

4. 财政支持政策

（1）加大低碳经济发展的财政投入和补贴政策。北京市财政加大投入，为低碳产业发展提供良好的公共服务保障，培育低碳企业，支持重大示范工程，形成低碳产业的自主创新体系；此外财政机制也要有所创新，发挥市场的基础作用，财政资金将由支持项目投资为主，转变为支持技术应用、提供消费补助为主，培育低碳产业的消费市场；还要加强财政与金融的协作，金融是支持低碳产业发展的主渠道，财政主要弥补市场失灵的部分。资金投入加大、支持政策频出，推动了北京能源消费结构的优化。

（2）为绿色融资提供政策平台。为了给"绿色循环大市政"提供融资平台，政府将研究机动车环境税费改革和制定农村清洁能源使用财政补贴政策；建立北京市绿色产业发展投资基金；加强环境交易所、林权交易所为基础的金融服务要素市场建设；积极开展碳交易、气候灾害保险和再保险等金融产品的研究；支持金融机构设立节能减排领域的产业投资基金和股权投资基金，开展能效融资等业务。

（3）建立政府低碳采购制度。针对许多"绿色市政产品"分布在上市、流通、消费的三根链条上的具体情况，北京有关部门正研究出台《北京市政府绿色采购实施细则》，明确将优先把自主创新的市政节能环保产品和设备纳入政府采购范围。

（4）初步建立了合同能源管理工作机制。作为服务业占GDP比重达到70%以上的城市，北京的节能减排工作已发展到依靠机制创新和技术创新来达到"内涵促降"的历史阶段。2009年，北京相继出台了《合同能源管理项目扶持办法（试行）》和《北京市节能减排专项资金支持合同能源管理项目实施细则（试行）》，通过项目投资补贴和节能量奖励等办法，鼓励用户和企业通过"合同能源管理"的方式来提高能源使用效率。这是继上海之后的第二个地方合同能源管理鼓励政策，对推动绿色产业市场，引导绿色消费需求，减少政府在节能减排中的投资，加速节能改造十分重要，作为首都，北京的辐射效应和市场榜样将对引领全国节能减排新潮流起到积极作用，同时也标志着北京合同能源管理工作机制初步建立。

5. 税收和补贴政策。北京出台了节能设备投资抵税和加速折旧政策，出台了节能减排补贴政策。

6. 金融信贷政策。北京出台一系列政策，促进金融业积极支持低碳经济发展，重点从信贷、直接融资等方面加快低碳金融创新力度。

第三节 北京市相对于国内外主要城市的低碳发展比较

一 北京市相对于国内直辖市的低碳发展比较

首先，我们根据中国能源统计年鉴上所列出的 8 类能源，即煤炭、焦炭、原油、燃料油、汽油、煤油、柴油和天然气的消费和 1990 年可比价 GDP，就全国、北京市、上海市和天津市 1990—2008 年间能源消费所导致的二氧化碳排放量、人均二氧化碳排放量和万元 GDP 二氧化碳排放量进行了估算，在此基础上，对 2008 年全国、北京、上海和天津分部门的二氧化碳排放份额进行了对比分析。表 3.3、表 3.4、表 3.5 分别给出了全国及 3 个直辖市的 CO_2 排放量、人均 CO_2 排放量、万元 GDP 的 CO_2 排放量。

对表 3.3 中的二氧化碳排放总量水平进行分析，可以看出：1990—2008 年间北京市的二氧化碳排放总量增长相对平稳，2008 年相对于 1990 年增长 30.57%，并在部分年份出现下降；天津的二氧化碳排放总量增速最快，2008 年相对于 1990 年增长 115.89%，并在 2001 年后排放水平超过北京；上海市的二氧化碳排放总量在三个直辖市中二氧化碳排放绝对水平最高，并高出其他两市很多，而且增速也较快，2008 年相对于 1990 年增长 111.36%。全国的二氧化碳排放总量，2008 年相对于 1990 年增长 171.70%，均比上述三个直辖市的增长速度要快；而且，1990—2002 年期间二氧化碳排放总量增长相对平稳，但 2003—2008 年期间二氧化碳排放量增长速度加快，2008 年相对于 2002 年增长 90.79%。

表 3.3 　　　　　　　　全国及三个直辖市二氧化碳排放量 　　（单位：万吨）

	北京	天津	上海	全国
1990	7 048	4 921	8 173	253 273
1991	7 048	5 105	8 173	261 462
1992	7 159	5 418	8 831	275 334
1993	7 283	5 768	9 567	29 0874
1994	7 416	6 142	10 354	307 463
1995	7 541	6 495	11 096	328 901
1996	7 722	6 221	11 448	346 419
1997	7 437	6 543	11 769	339 777
1998	7 487	6 423	11 673	319 835
1999	7 683	6 562	12 210	318 203
2000	7 927	6 590	13 259	336 845
2001	7 681	7 607	13 634	343 412
2002	7 540	8 330	14 005	360 686
2003	7 769	8 672	15 515	424 861
2004	8 580	9 639	16 242	486 781
2005	8 827	10 477	17 012	538 550
2006	8 808	10 612	16 242	591 591
2007	9 150	11 012	16 140	637 271
2008	9 202	10 623	17 276	688 153

来源：二氧化碳排放量根据《中国能源统计年鉴2009》计算。

对表 3.4 中的人均二氧化碳排放水平进行分析，可以看出：（1）1990—2008 年间，北京人均二氧化碳排放量在波动中呈现总体下降的态势，2008 年北京人均二氧化碳排放量位于三市的最低水平，但仍然高于全国平均水平。（2）1990—2008 年间，天津人均二氧化碳排放量在 1990—2000 年间上升较为缓慢，但在 2000 年后总体上升较快。（3）上海在 2000 年前的变化与天津大致相同，2000 年到 2005 年增长最为迅速，其后到 2008 年有所下降。2008 年，上海和天津的人均二氧化碳排放量均高出全国平均水平 80% 左右。从人均二氧化碳排放量的变化趋势来看，全国在 1990—2002 年间缓慢上升，但在 2002—2008 年间出现了较快的增长。

表3.4　　　　　全国及三大直辖市人均二氧化碳排放量　　（单位：吨/人）

	北京	天津	上海	全国
1990	6.49	5.57	6.11	2.22
1991	6.49	5.62	6.36	2.26
1992	6.54	5.89	6.76	2.35
1993	6.58	6.22	7.23	2.45
1994	6.6	6.57	7.7	2.57
1995	6.03	6.9	7.84	2.72
1996	6.13	6.56	8.07	2.83
1997	6	6.87	8.08	2.75
1998	6.01	6.71	7.97	2.56
1999	6.11	6.84	8.28	2.53
2000	5.81	6.58	7.92	2.66
2001	5.55	7.58	8.45	2.69
2002	5.3	8.27	8.62	2.81
2003	5.33	8.58	9.07	3.29
2004	5.75	9.42	9.32	3.74
2005	5.74	10.04	9.57	4.12
2006	5.57	9.87	8.95	4.5
2007	5.6	9.88	8.69	4.82
2008	5.43	9.03	9.15	5.18

来源：二氧化碳排放量根据《中国能源统计年鉴2009》计算；年平均人口根据《中国统计年鉴2009》计算。

对表3.5 中的万元 GDP 的二氧化碳排放水平进行分析，可以看出：1990—2008 年间，三个直辖市的万元 GDP 二氧化碳排放量一直都在降低。其中，北京万元 GDP 二氧化碳排放量的降幅较为明显；天津万元 GDP 二氧化碳排放量减小较为平稳，从 1990 年到 2000 年一直下降，在 2000—2005 年间基本稳定，其后才出现小幅下降；上海万元 GDP 二氧化碳排放量降幅最为明显，2008 年的万元 GDP 二氧化碳排放量仅为其 1990 年的 12.06%。

表 3.5　　　　　　　　全国及三大直辖市万元 GDP 的
二氧化碳排放量　　（单位：吨/万元）

	北京	天津	上海	全国
1990	14.07	5.49	10.46	13.57
1991	13.00	5.22	9.98	12.83
1992	11.53	4.85	9.33	11.83
1993	10.27	4.53	8.77	10.96
1994	9.23	4.26	8.31	10.25
1995	8.45	4.06	7.96	9.88
1996	7.86	3.54	7.47	9.46
1997	6.93	3.41	7.02	8.49
1998	6.47	3.10	6.46	7.41
1999	6.17	2.94	6.28	6.85
2000	5.87	2.73	6.29	6.69
2001	5.25	2.90	5.97	6.30
2002	4.72	2.92	5.62	6.06
2003	4.42	2.76	5.66	6.49
2004	4.44	2.79	5.38	6.76
2005	4.14	2.74	5.11	6.77
2006	3.70	2.49	4.37	6.66
2007	3.40	2.28	3.84	6.35
2008	3.14	2.02	3.26	6.29

来源：二氧化碳排放量根据《中国能源统计年鉴 2009》计算；1990 年可比价 GDP 根据《中国统计年鉴 2009》计算。

我们进一步估算了 2008 年全国特别是 3 个直辖市分行业和分能源品种的二氧化碳排放结构，见表 3.6、表 3.7。

分析表 3.6，可以发现：（1）全国有 43.04% 的二氧化碳来自于火力发电。这是因为随着全国经济的快速增长，各行业对电力的需求都非常大；同时，也因为我国电力主要以火力发电为主。因此，继续规范火力电厂的发展，同时大力发展天然气、水能、核能、太阳能和风能等方式的发电来减轻火力发电负担，将会极大地减少全国的二氧化碳排放。（2）全国工业二氧化碳排放占排放总量的 37.01%。推行节能减排，提高工业部门的能源效率，改善工业结构，促进其产业技术的升级和节能措施的采用，将会使工业部门的二氧化碳排放量减少。二氧化碳排放占比处于第三位的是交通运输、仓储和邮政业，排放占比为 6.81%，这主要是因为该部门对汽油、柴油的消耗依赖。（3）对于北京市，其火力发电所排放的二氧化碳占比为 18.77%，远低于全国平均水平，这与北京市从外省引入大量电力有关，2008 年北京市从外省调入的电力占其总电力消费的 65.02%。工业部门是北京排放二氧化碳最多的，为 20.16%。北京二氧化碳排放分行业占比第三位的是交通运输、仓储和邮政业，为 16.85%，远高于全国平均比例，这与北京市的人口密度及过重的交通负担有关。第四位的是供热部门，排放的二氧化碳占比为 14.1%，高于全国水平，也高于天津市，这与其冬季需要供暖且是超级大都市，人口较多有关。

表3.6　　　　　　　　分行业分地区的二氧化碳排放结构　　　　（单位:%）

	全国	北京	天津	上海
火力发电	43.04	18.77	32.17	36.27
供热	4.74	14.10	12.93	4.03
农、林、牧、渔、水利业	1.13	1.49	0.86	0.55
工业	37.01	20.16	37.41	25.84
建筑业	0.50	1.45	2.17	1.27
交通运输、仓储和邮政业	6.81	16.85	6.73	22.63
批发、零售业和住宿、餐饮业	0.79	3.02	1.91	2.50
生活消费	4.23	13.44	3.34	3.60
其他	1.76	10.72	2.47	3.31

来源：根据《中国能源统计年鉴 2009》计算。

最后，北京市的生活能耗排放的二氧化碳占比为 13.44%，远高于全国水平的 4.23%，由此可见北京急需加强节能减排宣传工作，让全民参与到节能减排这个大工程中来。综合来看，北京二氧化碳减排的重点在供热、交通运输、生活消费这三个环节。

表 3.7　　　　　　三大直辖市分能源品种的二氧化碳排放占比　　　（单位:%）

	煤	焦炭	汽油	煤油	柴油	燃料油	天然气
北京	53.85	6.76	9.76	9.35	6.85	0.79	12.64
天津	65.62	17.60	3.59	0.45	7.36	2.42	2.96
上海	56.18	10.89	5.11	4.95	6.75	12.83	3.28

来源：根据《中国能源统计年鉴2009》计算。

分析表 3.7，可以发现：三个直辖市的二氧化碳排放均主要是由于煤炭燃烧。不同的是，北京煤炭占比最低，为 53.83%，天津煤炭使用占比要高于北京、上海，为 65.62%；天然气使用导致的二氧化碳排放的占比第二，为 12.64%，北京使用天然气的比例要远高于天津、上海；汽油和煤油依序是二氧化碳排放的第三、第四个品种。因此，提高煤燃烧效率，减少煤炭使用量，是所有城市减少其二氧化碳排放的主要手段；各市需要针对本市能源消费特点而对产业结构和节能政策做出调整。

二　北京相对于国外主要国际都市的低碳发展比较分析

伦敦、巴黎、纽约、东京是世界著名的主要国际大都市，人口都在 500 万以上。进行城市低碳发展比较，必须注意城市界定的一致性。OECD 在研究 OECD 国家中的城市化和城市化政策趋势时，明确指出城市可以按行政能力、物理指标、功能定义进行不同的界定。考虑到北京行政管辖的界定，我们一般地将北京与大伦敦、大巴黎、纽约和东京进行比较。关于低碳发展的评价框架，暂且只考虑人口总量及密度、经济规模及产业结构、能源总量及结构、二氧化碳排放水平及强度等四个方面。如潘家华、庄贵阳等（2010）所指出，低碳发展的评价框架还应该包括低碳发展政策和措施方面的信息。由于资料限制，这里的评价框架暂且不详细考虑这些国际大都市的低碳发展政策和措施方面的信息。

——从人口总量及密度角度考虑，人口压力是北京低碳发展的重要障碍。

纽约在 2003 年人口就已经超过 1 900 余万人，密度为每平方公里 406 人。东京 2008 年人口为 1 290 万，人口密度为每平方公里 6 000 人，近 10 年人口平均增长率约为 0.8%。巴黎 2007 年总人口约在 1 160 万人左右，人口密度为每平方公里 970 人。伦敦 2007 年人口规模为 756 万，人口密度为每平方公里 4 807 人。北京 2008 年常住人口约为 1 695 万人，人口密度约为每平方公里 1 033 人。特别地，北京城区人口密度相对于其他 4 个国际都市也较高，而且近年来北京人口增长率远高于其他 4 个国际都市。人口压力应该是北京低碳发展的一大障碍。

——从经济规模、结构及增长速度角度考虑，北京在 5 个都市中规模最小、增速快（如图 3.3）、三产占比低，低碳城市的经济条件和产业条件差，存在低碳发展空间。

据统计，尽管北京近年来第三产业占比显著上升到 2009 年的 75.5%，但与伦敦、巴黎、东京的第三产业占比都超过 80% 比较，低碳城市的产业结构条件仍然差。

——从能源总量及结构角度考虑，北京火力发电比重高并高度依赖煤炭，在 5 个都市中能源生产和消费的产业结构和能源品种的低碳城市条件差。

据统计：（1）2006 年伦敦能源消费主体结构为：居民消费占比 40%，工商业消费占比 36%，交通业消费占比近 15%。（2）2008 年东京电力需求按行业划分的比例为：制造业占 29%，铁道行业占 24%，建筑业、供热供电供暖供水行业以及交通运输行业共占 47%。（3）2003 年纽约能源生产占比结构为：石油燃料占 42%、天然气占 26%、核能占 9%，煤占 7%，氢化物、进口能源和生物质能三种都分别占5%；2003年纽约能源消费占比结构为：居民占28.3%、工业占12.6%、商业占23.1%、交通运输业占36.1%。（4）2007年北京能源消费占比为：三产占39%，工业占41%，建筑业占2%，一产占2%，居民生活占16.5%。可以肯定，北京在五个都市中能源生产和消费的产业结构和能源消费品种的低碳城市条件差。

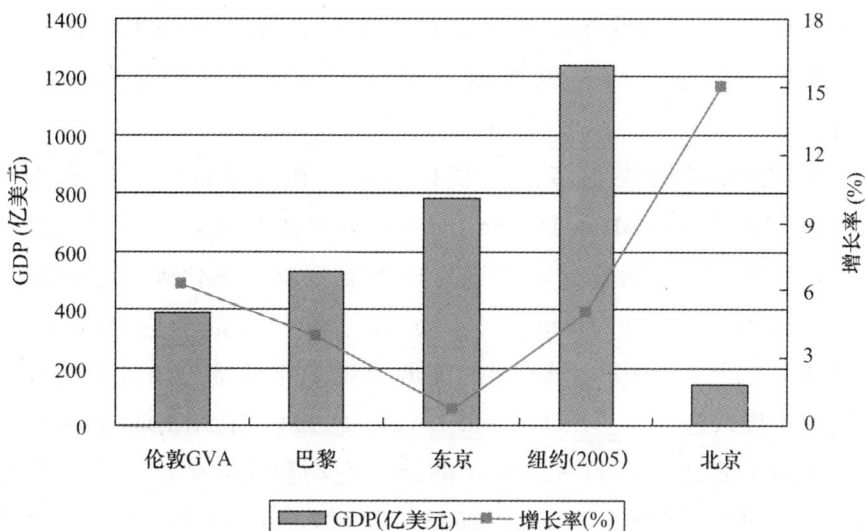

图3.3　5都市2007年经济规模及增长率（%）

——从二氧化碳排放总量及排放强度角度考虑，北京二氧化碳排放强度与伦敦、纽约和东京比较存在很大差距。据对万元GDP的二氧化碳排放进行测算，东京2006财年为0.087 5吨，伦敦2000年为0.197吨，纽约2007年为0.132 3吨，而北京2007年为1.24吨。

第四节　二氧化碳排放影响因素的分解和比较

一　二氧化碳排放强度的技术经济分解方法

对人均二氧化碳排放、万元GDP二氧化碳排放按适当的技术经济方法进行分解，有助于我们通过定量测算理解二氧化碳排放强度的影响因素的相对重要性及变动趋势，对于研究我国低碳发展的战略和措施具有重要的指导性，可以为北京的低碳发展的政策优化组合提供决策依据。

指数分解法的基本思想是把一个目标变量（比如，能耗或二氧化碳排放量）的变化分解成若干个影响因素的组合，从而可以辨别各个因素的影响程度或贡献率；在可得到数据的情况下，把这种分解逐层进行下去，最终把各种影响因素对目标变量的影响区分开来。指数分解法可以根据数据可得性进行时间序列分解和区间分解。

指数分解法种类很多，其中 Laspeyres 和 Divisia 分解法最为常用，但 LMDI（Log-Mean Divisia Index）分解法对 Divisia 分解法进行了改进。国内应用指数分解法进行中国能耗或二氧化碳排放的因素分解的相关研究，如 Huang（1993）基于乘法代数平均 Divisia 法，将中国第二产业 1980—1988 年的能源强度变化归结为结构变动效应和能源强度改进效应。Sinton and Levine（1994）利用 Laspeyres 分解法对中国工业部门 1980—1990 年的结构变动和实际强度变动（即技术效应）进行了分析。Zhang（2003）利用 Laspeyres 完全分解法将中国工业部门 1990—1997 年的能源消费分解为规模效应、实际的强度效应和结构效应。Ma and Stern（2008）利用 LMDI 法对中国 1980—2003 年能源强度变动进行因素分解。高振宇和王益（2007）利用 LMDI 方法对中国"六五"时期以来生产用能源消费情况进行了分解分析。Wang，et al（2005）利用 LMDI 方法研究了中国 1957—2000 年的二氧化碳排放变化，将二氧化碳排放分解为能源强度和能源结构影响因素。

这里，我们根据我国 1990—2005 年经济数据和能源数据统计，选用 LMDI 分解法将北京、全国和其他主要省市二氧化碳排放强度分解成产业规模、产业结构、能源强度、能源种类和二氧化碳排放系数共 5 类因素。目的在于通过对 1990—2005 年间北京、全国和其他主要省市的人均二氧化碳排放、万元 GDP 二氧化碳排放进行因素分解，确定影响北京二氧化碳排放量变化的主要因素，以便为北京低碳发展政策组合提供合理建议。

一 技术经济分析

（一）模型

某一地区二氧化碳排放总量可以通过扩展 Kaya 恒等式表达为：

$$C = \sum_i C_i = \sum_i (C_i/E_i)(E_i/E)(E/Y)(Y/P)P = \sum_i F_i S_i IGP$$

$$\tag{1}$$

其中，C 为各种类型能源消费导致的 CO_2 排放总量（单位：吨）；i 为能源消费类型，如煤炭、石油和天然气等；E 为各种能源类型的消费总量（单位：吨标准煤）；Y 为 GDP 总量（单位：万元）；P 为人口总数（单位：人）；$S_i = E_i/E$，代表能源消费结构；$F_i = C_i/E_i$，代表各种能源消费类型 i 的 CO_2 排放系数（单位：吨 CO_2/吨标准煤）；$I = E/Y$，代表能源强度（单位：吨标准煤/万元）；$G = Y/P$，代表人均 GDP（单位：万元/人）。

二氧化碳排放总量的变化可以分解成以下五个主要影响变量的贡献，$\Delta C_{F-effect}$、$\Delta C_{S-effect}$、$\Delta C_{I-effect}$、$\Delta C_{G-effect}$ 和 $\Delta C_{P-effect}$，五个主要影响变量分别为化石燃料的排放系数、能源消费结构、能源强度、人均 GDP 和人口总数。用下标"1"和"2"代表两个比较对象，二氧化碳排放总量的变化可以表示如下：

$$\Delta C = C_1 - C_2 = \sum_i F_{i1}S_{i1}I_1G_1P_1 - \sum_i F_{i2}S_{i2}I_2G_2P_2$$

$$= \Delta C_{F-effect} + \Delta C_{S-effect} + \Delta C_{I-effect} + \Delta C_{G-effect} + \Delta C_{P-effect} + \Delta C_{rsd}$$

$$\tag{2}$$

式中，ΔC_{rsd} 是在传统的技术方法中存在的残差。因为分解是完全的，所以这一项的值为零。在式（1）的基础上，分别定义：能源结构因素 $S_i = E_i/E$，即 i 种能源在一次能源消费中的份额；各类能源排放强度 $F_i = C_i/E_i$，即消费单位 i 种能源的二氧化碳排放量；能源效率因素 $I = E/Y$ ，即万元 GDP 的能源消耗；经济发展因素 $R = Y/P$ 。由此，人均二氧化碳排放量可以写为：

$$A = C/P = \sum_i S_i F_i IR \tag{3}$$

其中，人均二氧化碳排放量 A 的变化来自于能源消费结构因素 S_i 的变化、能源排放强度因素 F_i 的变化、能源效率因素 I 的变化和经济发展因素 R 的变化。

第 t 期相对于基期的人均二氧化碳排放量变化的加法形式和乘法形式可以表示为：

$$\begin{aligned} \Delta A &= A^t - A^0 = \sum_i S_i^t F_i^t I^t R^t - \sum_i S_i^0 F_i^0 I^0 R^0 \\ &= \Delta A_S + \Delta A_F + \Delta A_I + \Delta A_R + \Delta A_{rsd} \end{aligned} \tag{4}$$

$$D = \frac{A^t}{A^0} = D_S D_F D_I D_R D_{rsd} \tag{5}$$

其中，ΔA_S 、D_S 为能源结构因素、ΔA_F 、D_F 为能源排放强度因素，ΔA_I 、D_I 为能源效率因素，ΔA_R 、D_R 为经济发展因素，ΔA_{rsd} 、D_{rsd} 为分解余量。

式（4）中的 ΔA_S 、ΔA_F 、ΔA_I 、ΔA_R 分别为各因素变化对人均二氧化碳排放变化的贡献值，它们是有单位的实值。而式（5）中的 D_S 、D_F 、D_I 、D_R 分别为各因素的变化对人均二氧化碳排放变化的贡献率。

基于公式（4）采用 Ang, et al（1999）提出的对数平均权重 Divisia 分解法进行分解。按照该方法，各个因素的分解结果如下：

$$\Delta A_S = \sum_i W_i' \ln \frac{S_i^t}{S_i^0}; \ \Delta A_F = \sum_i W_i' \ln \frac{F_i^t}{F_i^0}; \ \Delta A_I = \sum_i W_i' \ln \frac{I_i^t}{I_i^0}; \ \Delta A_R$$

$$= \sum_i W_i' \ln \frac{R_i^t}{R_i^0} \tag{6}$$

其中，$W_i' = \dfrac{A_i^t - A_i^0}{\ln (A_i^t / A_i^0)} \tag{7}$

$$\Delta A_{rsd} = \Delta A - (\Delta A_S + \Delta A_F + \Delta A_I + \Delta A_R)$$

$$= A^t - A^0 - \sum_i W_i' \left(\ln \frac{S_i^t}{S_i^0} + \ln \frac{F_i^t}{F_i^0} + \ln \frac{I_i^t}{I_i^0} + \ln \frac{R_i^t}{R_i^0} \right)$$

$$= A^t - A^0 - \sum_i W_i' \ln \frac{A_i^t}{A_i^0} = A^t - A^0 - \sum_i (A_i^t - A_i^0) = 0 \quad (8)$$

对式（5）两边取对数，得到：

$$\ln D = \ln D_S + \ln D_F + \ln D_I + \ln D_R + \ln D_{rsd} \qquad (9)$$

对照式（4）和（9），可设各项相应成比例，即：

$$\frac{\ln D}{\Delta A} = \frac{\ln D_S}{\Delta A_S} = \frac{\ln D_F}{\Delta A_F} = \frac{\ln D_I}{\Delta A_I} = \frac{\ln D_R}{\Delta A_R} = \frac{\ln D_{rsd}}{\Delta A_{rsd}} \qquad (10)$$

设 $\dfrac{\ln D}{\Delta A} = \dfrac{\ln A^t - \ln A^0}{A^t - A^0} = W$，则：

$$D_S = \exp(W \Delta A_S), \quad D_F = \exp(W \Delta A_F),$$
$$D_I = \exp(W \Delta A_I), \quad D_R = \exp(W \Delta A_R), \quad D_{rsd} = 1 \qquad (11)$$

其中，F_i 是固定的，所以影响人均二氧化碳排放量的因素主要为能源消费结构变化、能源效率变化以及经济发展变化。也就是说，$\Delta A_F = 0$，$D_F = 1$，其他三个因素影响效果按公式（6）和（11）计算。

类似人均二氧化碳排放量的分解式（3），分别定义：能源结构因素 $S_i = E_i/E$，即 i 种能源在一次能源消费中的份额；各类能源排放强度因素 $F_i = C_i/E_i$，即消费单位 i 种能源的碳排放量；人均能源消费因素 $M = E/P$，即单位人口的能源消耗；万元 GDP 的人口数 $N = P/Y$。由此，万元 GDP 的二氧化碳排放量可以写为：

$$H = C/Y = \sum_i S_i F_i MN \qquad (12)$$

（二）模型结果分析

这里通过对北京、全国和其他 8 省市的人均二氧化碳排放量、万元 GDP 二氧化碳排放量分别进行因素分解分析，研究北京及相关省市之间不同影响因素对造成二氧化碳排放量差异的贡献。其他 8 个省市包括：河北、上海、江苏、浙江、山东、河南、湖北和广东。选择这 8 个省市作为参照，只是由于相关研究和例证，并无特别偏好或特别原因；当然，也可以将北京与全国所有省市进行比较和分析。能源消费按中国能源统计年鉴分为 8 个种类，即煤炭、焦炭、原油、燃料油、汽油、煤油、柴油和天然气。我们整理了全国1990 年、1995 年、2000 年和 2005 年的相关数据，将研究区间分成1990—1995、1995—2000、2000—2005 和 1990—2005 四个区间来进行分解分析。其中的 GDP 数值都按照 1990 年可比价格进行计算。

按照上述分解方法，运用公式（3）—（11）进行全国人均二氧化碳排放、万元 GDP 二氧化碳排放的分解计算，并通过进一步计算得到各个分解因素的加法形式和乘法形式的值。关于人均二氧化碳排放量的因素分解结果，见表3.8。关于万元 GDP 二氧化碳排放量的因素分解结果，见表3.9。

1990 年至 2005 年北京市的人均二氧化碳排放量呈略微下降趋势，而全国和其他 8 省市的人均二氧化碳排放量基本上是逐年递增的。到2005 年，人均二氧化碳排放量超过全国平均水平的有河北、山东、北京、江苏和浙江。在除北京市以外的省市中，该指标河南省最低。

表3.8　　　　全国、北京市及其他省市人均二氧化碳
排放量分解分析　　　　（单位：吨/人）

时间	分解因素	全国	北京	河北	上海	江苏	浙江	山东	河南	湖北	广东
1990—1995	ΔA_s	0.018	0.154	0.018	0.044	0.029	-0.026	0.033	0.018	0.029	-0.004
	ΔA_i	-2.629	-7.414	-2.992	-1.991	-2.919	-1.756	-2.695	-1.151	-1.573	-1.866
	ΔA_r	3.329	7.216	4.209	2.556	3.722	2.970	3.333	1.569	2.303	2.794
	ΔA	0.719	-0.044	1.236	0.609	0.832	1.188	0.671	0.436	0.759	0.924
	W	0.335	0.121	0.262	0.461	0.333	0.446	0.350	0.704	0.430	0.431
	D_s	1.006	1.019	1.005	1.020	1.010	0.989	1.012	1.013	1.013	0.998
	D_i	0.415	0.407	0.456	0.400	0.379	0.457	0.390	0.445	0.509	0.447
	D_r	3.047	2.396	3.014	3.245	3.450	3.757	3.207	3.017	2.691	3.336
	D	1.272	0.995	1.382	1.324	1.319	1.698	1.264	1.359	1.386	1.489

续表

时间	分解因素	全国	北京	河北	上海	江苏	浙江	山东	河南	湖北	广东
1995—2000	ΔA_s	-0.066	-0.326	-0.022	-0.055	-0.062	-0.073	-0.026	-0.066	-0.011	-0.037
	ΔA_i	-1.298	-4.033	-2.145	-1.129	-1.485	-0.598	-1.687	-1.107	-1.272	-0.876
	ΔA_r	1.481	3.747	2.457	1.672	1.580	1.503	1.536	0.730	1.533	1.016
	ΔA	0.117	-0.612	0.290	0.488	0.033	0.832	-0.176	-0.444	0.249	0.103
	W	0.292	0.126	0.217	0.367	0.289	0.304	0.320	0.707	0.351	0.349
	D_s	0.981	0.960	0.995	0.980	0.982	0.978	0.992	0.954	0.996	0.987
	D_i	0.684	0.601	0.628	0.661	0.651	0.834	0.582	0.457	0.640	0.736
	D_r	1.542	1.605	1.703	1.847	1.580	1.580	1.636	1.675	1.713	1.426
	D	1.035	0.926	1.065	1.196	1.010	1.288	0.945	0.731	1.091	1.036
2000—2005	ΔA_s	0.044	-0.488	0.176	-0.165	0.055	-0.033	0.161	0.070	-0.033	0.033
	ΔA_i	-0.323	-6.358	0.715	-1.287	-0.506	-1.001	0.983	0.103	-0.227	-1.364
	ΔA_r	2.831	7.022	4.803	2.383	3.718	4.008	3.817	1.210	1.496	2.981
	ΔA	2.552	0.176	5.694	0.931	3.267	2.974	4.961	1.382	1.236	1.650
	W	0.215	0.130	0.138	0.292	0.203	0.197	0.196	0.553	0.281	0.272
	D_s	1.010	0.939	1.025	0.953	1.011	0.994	1.032	1.039	0.991	1.009
	D_i	0.933	0.438	1.104	0.686	0.902	0.821	1.212	1.058	0.938	0.690
	D_r	1.840	2.488	1.943	2.007	2.126	2.204	2.109	1.953	1.524	2.247
	D	1.733	1.023	2.198	1.313	1.940	1.797	2.638	2.149	1.416	1.565
1990—2005	ΔA_s	-0.015	-0.913	0.187	-0.132	0.022	-0.103	0.158	0.007	0.018	-0.015
	ΔA_i	-5.445	-17.677	-7.022	-4.708	-6.519	-4.206	-6.109	-2.794	-3.465	-4.481
	ΔA_r	8.844	17.886	14.058	6.857	10.630	9.310	11.403	4.158	5.691	7.172
	ΔA	3.384	-0.704	7.223	2.017	4.132	5.001	5.452	1.371	2.244	2.677
	W	0.244	0.125	0.163	0.361	0.230	0.274	0.210	0.551	0.340	0.330
	D_s	0.996	0.892	1.031	0.953	1.005	0.972	1.034	1.004	1.006	0.995
	D_i	0.266	0.110	0.319	0.183	0.224	0.316	0.277	0.214	0.308	0.228
	D_r	8.619	9.293	9.826	11.870	11.484	12.829	10.999	9.893	6.905	10.663
	D	2.280	0.916	3.235	2.070	2.583	3.939	3.147	2.129	2.142	2.419

来源：根据《中国能源统计年鉴2006》计算。

由表 3.8 可知，影响 1990—2005 年期间各时间段的全国和相关省市人均二氧化碳排放量的主要分解因素是能源效率因素 ΔA_i 和经济发展因素 ΔA_r，而能源消费结构因素 ΔA_s 的影响相对比较小，这是因为全国和各省市的能源消费种类在短期内基本保持不变，还是保持了以煤炭和石油等传统化石燃料为主的能源消费结构。能源效率因素 ΔA_i 主要起到减少人均二氧化碳排放量的作用，这是由能源强度的降低所带来的好处；而经济发展因素 ΔA_r 主要起到增加人均二氧化碳排放量的作用，这是因为经济规模逐年扩大。只有 2000 年至 2005 年期间，河北、山东和河南的能源效率因素增加了其人均二氧化碳排放量，说明该年间这些地区的能源强度有所上升，从而降低了这些地区的能源效率。对全国和相关省市进行同期比较，可以发现北京市的两个因素的绝对值很大，这说明北京市由经济规模扩大增加的人均二氧化碳排放量和由能源效率提高减少的人均二氧化碳排放量都很大，最后结果是各个时期北京的人均二氧化碳排放量基本不变，2005 年较 1990 年水平略有下降。

表 3.9　　　　全国、北京市及其他省市万元 GDP 的
二氧化碳排放量分解分析　　　（单位：吨/万元）

时间	分解因素	全国	北京	河北	上海	江苏	浙江	山东	河南	湖北	广东
1990—1995	ΔH_s	0.087	0.241	0.089	0.236	0.098	-0.096	0.131	0.119	0.103	-0.014
	ΔH_M	3.302	-0.346	6.352	3.417	2.917	4.230	2.718	2.946	3.695	3.091
	ΔH_N	-15.665	-6.237	-10.473	-7.573	-5.746	-4.195	-6.660	-5.168	-5.966	-3.763
	ΔH	-12.276	-6.342	-4.032	-3.920	-2.731	-0.062	-3.810	-2.103	-2.168	-0.686
	W	0.071	0.069	0.050	0.076	0.091	0.128	0.082	0.100	0.085	0.130
	D_s	1.006	1.017	1.004	1.018	1.009	0.988	1.011	1.012	1.009	0.998
	D_M	1.265	0.976	1.375	1.297	1.305	1.718	1.250	1.342	1.369	1.494
	D_N	0.328	0.650	0.591	0.562	0.592	0.585	0.579	0.597	0.602	0.614
	D	0.417	0.646	0.817	0.742	0.779	0.992	0.731	0.811	0.832	0.915

续表

时间	分解因素	全国	北京	河北	上海	江苏	浙江	山东	河南	湖北	广东
1995—2000	ΔH_s	-0.212	-0.406	-0.075	-0.213	-0.153	-0.172	-0.078	-0.328	-0.041	-0.092
	ΔH_M	0.557	-0.346	1.053	2.003	0.224	2.066	-0.410	-1.733	0.845	0.337
	ΔH_N	-4.499	-2.985	-5.696	-4.152	-2.935	-2.498	-3.129	-2.532	-3.453	-1.259
	ΔH	-4.153	-3.738	-4.718	-2.361	-2.864	-0.604	-3.616	-4.593	-2.649	-1.014
	W	0.096	0.105	0.064	0.100	0.123	0.134	0.119	0.155	0.107	0.146
	D_s	0.980	0.958	0.995	0.979	0.981	0.977	0.991	0.950	0.996	0.987
	D_M	1.055	0.964	1.070	1.221	1.028	1.318	0.953	0.764	1.095	1.051
	D_N	0.648	0.731	0.693	0.661	0.696	0.716	0.690	0.675	0.691	0.832
	D	0.670	0.676	0.738	0.791	0.703	0.923	0.651	0.490	0.753	0.862
2000—2005	ΔH_s	0.079	-0.428	0.358	-0.407	0.066	-0.049	0.255	0.193	-0.078	0.051
	ΔH_M	5.010	0.574	12.116	2.605	4.895	4.581	8.375	3.857	2.725	2.818
	ΔH_N	-5.651	-2.310	-6.918	-3.691	-3.413	-3.448	-3.844	-2.147	-3.473	-2.738
	ΔH	-0.562	-2.165	5.557	-1.494	1.548	1.084	4.786	1.903	-0.826	0.131
	W	0.108	0.151	0.063	0.123	0.133	0.130	0.112	0.188	0.131	0.156
	D_s	1.009	0.938	1.023	0.951	1.009	0.994	1.029	1.037	0.990	1.008
	D_M	1.718	1.090	2.145	1.377	1.918	1.810	2.557	2.069	1.429	1.552
	D_N	0.543	0.706	0.647	0.636	0.635	0.640	0.650	0.667	0.635	0.652
	D	0.941	0.722	1.419	0.832	1.229	1.151	1.710	1.431	0.898	1.021
1990—2005	ΔH_s	-0.081	-1.278	0.398	-0.623	-0.035	-0.328	0.338	-0.001	-0.114	-0.057
	ΔH_M	10.491	0.272	23.306	8.416	9.629	11.278	14.264	6.380	7.384	6.430
	ΔH_N	-27.277	-11.404	-26.898	-15.577	-13.640	-10.531	-17.242	-11.173	-12.913	-7.943
	ΔH	-16.868	-12.410	-3.193	-7.785	-4.046	0.419	-2.641	-4.794	-5.643	-1.570
	W	0.079	0.094	0.049	0.092	0.098	0.124	0.078	0.118	0.102	0.138
	D_s	0.994	0.886	1.020	0.944	0.997	0.960	1.027	1.000	0.988	0.992
	D_M	2.286	1.026	3.140	2.172	2.567	4.053	3.042	2.121	2.128	2.433
	D_N	0.116	0.341	0.267	0.238	0.263	0.271	0.261	0.268	0.267	0.333
	D	0.265	0.310	0.855	0.488	0.673	1.053	0.814	0.568	0.562	0.805

来源：根据《中国能源统计年鉴2006》计算。

全国以及 9 省市的万元 GDP 二氧化碳排放量逐年递减。只有 2005 年河北、山东和河南的万元 GDP 二氧化碳排放量较 2000 年水平有所上升。2005 年，北京万元 GDP 二氧化碳排放量最低，而河北和山东的万元 GDP 二氧化碳排放量则高于全国平均水平。

由表 3.9 可知，影响 1990—2005 年期间各时间段的全国和相关省市万元 GDP 二氧化碳排放量的主要分解因素是人均能源消费因素 H_m 和万元 GDP 人口数因素 H_n，而能源消费结构因素 H_s 的影响相对较小，这是因为全国和相关省市的能源消费种类在短期内基本保持不变，还是保持了以煤炭和石油等传统化石燃料为主的能源消费结构。人均能源消费因素主要起到增加万元 GDP 二氧化碳排放量的作用，这是因为随着人均能源消费的提高，所引起的二氧化碳排放量也会随之提高；而万元 GDP 人口数因素主要起到减少万元 GDP 二氧化碳排放量的作用，这是因为 GDP 的增长速度高于能源消耗所引起的二氧化碳排放量增长速度。

1995—2000 年间，北京、山东和河南的人均能源消费因素是负数，这说明这三个省市的人均能源消费量在这期间均有所降低。特别是河南，由此引起的万元 GDP 二氧化碳排放量下降值高达 1.733 吨/万元。

还要注意的是，1995—2000 年间，北京和河南的能源结构因素 H_s 相对其他年间对万元 GDP 二氧化碳排放量的影响更为显著，它在一定程度上减小了相应地区的万元 GDP 二氧化碳排放量。检查对应时期的能源消费结构，发现引起这种变化的原因是因为北京的天然气使用量从 1995 年的 1.16 亿立方米上升到 2000 年的 10.9 亿立方米，而河南的煤炭消耗量从 1995 年的 5 591 万吨下降到 2000 年的 3 335 万吨。这说明使用天然气这种相对清洁的能源或者减少煤炭使用量对减少二氧化碳排放量是有益的。湖北省的人均能源消费因素 H_m 增加了 1990—2005 年期间的万元 GDP 二氧化碳排放量，而万元 GDP 人口数因素 H_n 减少了各研究期间的万元 GDP 二氧化碳排放量，后者的影响更为明显，使得湖北省的万元 GDP 二氧化碳排放量是逐年递减的，但是相对于其他相关省市并不显著，导致到

2005 年湖北省的万元 GDP 二氧化碳排放量依旧比较高。

这里进行的北京、全国及其他 8 省市的人均二氧化碳排放量和万元 GDP 二氧化碳排放量的因素分解结果表明：北京市人均二氧化碳排放量和万元 GDP 二氧化碳排放量低于全国平均水平和国内相关省市水平，在各研究期间，北京市人均二氧化碳排放量略微下降，而万元 GDP 二氧化碳排放量持续下降；万元 GDP 人口数因素对北京万元 GDP 二氧化碳排放量也起减少作用，而人均能源消费因素对北京万元 GDP 二氧化碳排放量同样起减少作用。可以讲，北京在优化产业结构和能源结构方面成效显著；与其他 8 省市相比，北京在平衡促进 GDP 增长和控制二氧化碳排放方面也成效显著。

第五节　北京市低碳发展的战略目标及低碳发展模式

根据对北京低碳发展的成效的国内外比较及基于因素分解的技术经济分析，我们可以进一步研究北京到 2020 年的低碳发展战略目标及低碳发展模式。

一　北京市低碳发展模式的经济技术基础

前面对北京低碳发展现状和成效的技术经济比较分析表明：北京在未来十年内实施低碳发展模式还是具有一定的经济技术基础。

1. 北京低碳发展模式的经济技术基础，首先表现为其政治文化科研优势和经济技术资金优势。特别地，北京将低碳发展纳入"十二五"规划，这有利于发挥北京应对气候变化与节能环保、新能源发展、生态建设等方面的协同效应，使北京低碳发展的优势转变为现实模式和政策选择。

北京市是全国的政治、文化、科技中心，具有调整优化产业结构的优势。通过发展第三产业和高端服务业，如会展产业、研发活动、金融、贸易、物流、旅游等经济活动，可以有效降低产业活动带来的能耗和二氧化碳排放压力。

北京有众多的科研院所，可以推动技术创新、提高资源利用水平、降低能耗和二氧化碳排放。

北京低碳产业发展已经具备了一定的基础，可以支持低碳发展和产业结构低碳调整。

北京地区有条件成为低碳发展示范地区。首先，特殊的区位使北京对生态环境质量有着更高的要求，京津是未来中国节能环保的示范地区。其次，这一地区清洁能源资源丰富，风能、太阳能和生物质能利用等规模和技术均居全国前列，温室气体减排潜力巨大。再次，北京是国内外战略投资之地，其发展模式对于全国具有示范和样板意义。如果说珠三角、长三角地区分别崛起于工业化、信息化浪潮之中，那么京津冀都市圈的崛起应该以低碳化为引擎，寻求经济增长和环境保护双赢的发展模式和路径。

京津冀低碳经济带建设是北京市可持续发展的需要。"人文北京、科技北京、绿色北京"建设，要求北京周边有一个洁净的自然环境，文明、富裕的人文环境和创新、进步的产业体系。而环首都地区为解决产业结构偏重、产业层次偏低、能源资源紧张、污染负荷过大等问题，正在进行艰难的转型，力争在高新技术和服务产业等新兴领域闯出新天地，环首都低碳经济带建设将为这种转型升级提供加速器。

专栏　部分地区建设低碳城市情况

上海　2008年，被世界自然基金会和国家建设部列为"低碳城市"试点。

保定　2008年，被世界自然基金会和国家建设部列为"低碳城市"试点。保定已成为中国第一个公布二氧化碳减排目标的城市：2020年比2005年单位GDP减排51%。而今，该市正从城市生态环境建设、低碳社区建设、低碳化城市交通体系建设等方面入手，拟出台全国第一个低碳城市规划。

吉林 2008年底，英国皇家事务研究所、第三代环境主义、中国社会科学院城市发展与环境研究中心以及国家发改委能源研究所联合开展"低碳经济方法学及低碳经济区发展案例研究"，吉林市被列为低碳经济区案例研究试点城市。该研究项目旨在通过吉林市案例研究，为国家政策制定积累经验和提供实践支持。

杭州 近日杭州市起草了50条"低碳新政"，明确提出杭州要率先在国内打造低碳经济、低碳建筑、低碳交通、低碳生活、低碳环境、低碳社会"六位一体"的低碳城市。

德州 山东德州是"中国太阳城"，该市将低碳经济发展纳入国民经济总体发展规划，进一步研究制定和完善扶持政策体系，包括产业发展扶持、技术创新基金及奖励、土地及规划扶持等政策，加大对低碳经济发展的支持力度，在融资、人才、税收等方面给予更大的倾斜。

厦门 厦门正在制定低碳城市总体规划。该规划将通过多种途径降低厦门二氧化碳的排放量，并吸引国外组织投资这个计划，利用国际资金为厦门的节能减排"买单"。这种做法一旦成功，将是目前中国独一无二的。按照这份规划，未来厦门的每一栋建筑都是低碳的，厦门市民将在低碳的环境中生活。

长沙 湖南长沙举办了长株潭"两型社会"建设与发展低碳经济论坛，提出将在长株潭开展低碳经济城市试点和低碳社区试点。这也是在东北重工业城市吉林成为首个试点示范区之后，中国在低碳经济领域迈出的又一个重要步伐。

武汉 湖北省将把武汉城市圈建设成低碳经济试验示范区，以引领该省发展低碳经济。湖北将在武汉城市圈探索区域低碳能源、低碳交通、低碳产业发展模式，发挥示范作用，建立促进资源节约、低碳经济发展的政策体系，重点推动一批低碳经济示范工程建设。

　　低碳经济带建设是解决京津冀行政隔离问题的有效途径。近几年，北京市区人口疏导、工业企业外迁、产业外溢、项目外扩的步伐空前加快，对周边地区的辐射带动作用越来越强。随着京沪、京津、京沈、京武等高速铁路的建设，环首都地区与大都市的协同效应越发凸显，对接首都已进入最佳机遇期。构建低碳经济带，有助于以资源环境为纽带，构筑起京冀经济一体化的重要载体。

　　低碳经济带的定位，意味着环首都地区应在清洁能源开发、能源高效利用等低碳技术上取得重大突破，低碳产业经济总量和比重有显著提高，在局部地区形成世界低碳经济的样本。为此，就需以低碳化为核心，突出抓好钢铁、化工、建材、建筑、交通等重点行业的节能减排，并重点发展战略性新兴低碳产业。

　　2. 北京低碳发展模式的经济技术基础，还表现为其低碳发展模式面临挑战。这些挑战包括：一是人口众多，居住集中，居民生活及相关第三产业产生的能耗和二氧化碳排放比较聚集。二是能源生产和消费结构不利于节能减排，在能源供给方面具体表现为能源生产结构不合理，能源供应自给率底，对外依存度高；在能源需求和能源价格调整方面，能源需求刚性增强，能源价格调整空间有限。三是节能减排目标与治理传统污染物，特别是与水资源相关的传统污染物的治理存在一定矛盾。

二　北京市低碳发展的战略目标

　　就北京相对于全国和相关省市以及国外主要国际都市进行的低碳发展特别是二氧化碳排放变动的因素分解表明：北京单位地区生产总值能耗和二氧化碳排放量的变动，取决于化石燃料的排放系数、能源消费结构、能源强度、人均地区生产总值和人口的变动。根据国内外相关分解因素隐含参数，我们模拟了北京未来十年低碳发展路径。按 2005 年 GDP 价格模拟，初步结果为：2015、2020年，北京万元 GDP 能耗的参考目标应该分别为 0.516 吨标准煤、0.426 吨标准煤，与 2005 年比较分别累计下降 35.5%、46.75%。

北京到 2020 年的上述低碳发展战略目标，假定：北京将继续实施《绿色北京行动计划（2010—2012 年）》中提出的符合低碳发展理念的有关政策、措施和手段，推动低碳型结构升级、绿色消费生活方式，推动北京初步建设成为生产清洁化、消费友好化、环境优美化、资源高效化的绿色低碳现代化世界城市。同时，要考虑借鉴和综合利用国际发达国家和主要国际都市的创新政策工具组合。

第四章

北京市低碳发展 CGE 模型分析研究

第一节　引言

一　北京发展低碳经济的意义

工业革命后的高碳经济发展模式直接导致了全球气候变暖。政府间气候变化专门委员会（IPCC）指出：近50年来的气候变化主要是人为活动排放的二氧化碳、甲烷、氧化亚氮等温室气体造成的。在过去的100年中，由二氧化碳等温室气体造成的温室效应使全球平均地表气温上升了0.3℃—0.6℃；世界气候变暖导致了冰川融化，海平面上升，生态系统退化，导致自然灾害频发，并深度触及了农业和粮食安全、水资源安全、能源安全、生态安全和公共卫生安全，将直接威胁到人类的生存和发展（邢继俊和赵刚，2007）。全球变暖已经引起了国际社会的广泛关注。2002年世界可持续发展首脑会议达成了在可持续发展框架下共同应对气候变化的国际共识。为着眼于国际气候制度建设，英国于2003年率先提出了低碳经济概念。低碳经济指的是依靠技术创新和政策措施，实施一场能源革命，建立一种较少排放温室气体的经济发展模式，以减缓气候变化（庄贵阳，2005）。2003年2月24日，英国首相布莱尔发表了题为《我们能源的未来——创建低碳经济》的白皮书，计划到2050年使二氧化碳排放量在1990年水平上减少60%，建立低碳经济社会。2006年10月，世界银行首席经济学家尼古拉斯·斯特恩

爵士牵头的《斯特恩报告》指出，全球以每年 1% GDP 的投入用以
"节能减排"，则可以避免将来每年 5% —20% 的 GDP 损失，呼吁全
球向低碳经济转型。法国、日本和加拿大等国已经采取相应的政策
措施。美国虽然没有明确表示接受或者反对低碳经济的概念，但一
直主张通过技术途径解决气候变化问题，这与低碳经济的内涵是一
致的。低碳经济的实质是能源效率和清洁能源结构问题，其核心是
能源技术创新和制度创新，目标是减缓气候变化和促进人类的可持
续发展。由英国引领的向低碳经济转型已成为世界经济发展的大
趋势。

　　哥本哈根会议前，中国政府表示 2020 年单位 GDP 二氧化碳排
放比 2005 年下降 40% —45% 。胡锦涛主席于 2007 年 9 月 8 日在亚
太经合组织（APEC）第 15 次领导人会议上，明确提出"发展低碳
经济"，令世人瞩目。他强调发展低碳经济，研发和推广低碳能源
技术，增加碳汇，促进碳吸收技术发展。同月，国家科学技术部部
长万钢在 2007 年中国科协年会上呼吁大力发展低碳经济。低碳经
济成了中国社会经济发展的新的发展模式。国家发展和改革委员会
于 2010 年 8 月 18 日在北京启动国家低碳省和低碳城市试点工作。
承担低碳试点工作的广东、辽宁、湖北、陕西、云南 5 省和天津、
重庆、深圳、厦门、杭州、南昌、贵阳、保定 8 市政府有关负责人
承诺将研究编制低碳发展规划，加快建立以低碳排放为特征的产业
体系，积极倡导低碳绿色生活方式和消费模式，为全球应对气候变
化做出贡献。

　　随着北京人口和经济规模的不断增长，能源使用带来的环境问
题也迫使北京在经济、政治、文化、社会各方面，特别是在生产、
流通、消费等领域，通过采取法律、经济和行政综合措施，降低资
源消耗强度，提高资源利用效率，以最少的资源获取最大的经济效
益和社会效益。北京市温室气体的主要排放源来自能源消费，主要
排放气体为二氧化碳。推动北京市 CO_2 排放增长的核心因素是经济
快速增长，而抑制 CO_2 排放增长的途径主要是降低能耗强度和调整

产业结构。2006—2008 年，北京连续三年能源强度指标加速下降，三年累计下降 17.53%。

城市的低碳发展涉及经济、社会、人口、资源、环境等各个领域，是一项复杂的系统工程。北京的产业结构调整以及低碳经济发展面临着制度创新和技术创新的难题。任何政策行动也必将对社会经济技术发展产生深远影响，如果决策不当，政策措施有可能对社会经济系统带来负面效应，制约其发展。在众多可行的政策方案进行决策时，有的政策有利于经济发展，但可能不利于节能减排；有的政策有利于节能减排，但不利于经济发展；有的政策的效应是放大的，有的政策的积极效应和消极效应是对冲的。如何评估不同政策和措施的组合效应？如何评估实现既定减排目标的政策成本及对国民经济影响？

二 CGE 模型在研究低碳发展政策中的应用

为了定量而系统地评估减缓气候变化的不同情景及政策组合的影响，国内外学术界研发了各种政策模拟模型。但正如 OECD (2009) 在"气候政策研究中的数学模型评述"一文所指出，可计算一般均衡（CGE）模型是研究低碳发展政策领域应用最为广泛的方法。学术界在 CGE 模型基础上就特定的低碳经济政策问题开发出许多规范的 CGE 模型。例如碳权交易模型（CRTM）、一般均衡环境模型（GREEN）、碳排放路径评估模型（CETA）、温室气体减排政策的地区与全球影响评价模型（MERGE）、全球一般均衡增长模型（G-Gubed）、温室气体排放预测与政策分析模型（EPPA）以及 Global2100 模型等。CGE 模型能较好地模拟减排政策对经济社会发展的影响。应用这些模型，可以分析发展低碳经济的减排政策的经济成本和为实现某一减排目标所必需的碳税水平，比较不同的碳税方式的经济成本和对不同阶层收入分配、就业和国际贸易的影响，以及减排政策对公众健康和常规污染物控制的共生效益等。

CGE 模型以微观经济主体的优化行为为基础，以宏观与微观变量之间的连接关系为纽带，以经济系统整体为分析对象，能够描述多个市场及其行为主体间的相互作用，可以估计政策变化所带来的直接和间接综合影响。CGE 模型回答了人们所关心的大多数问题，成为低碳经济政策决策支持系统中的主流分析工具之一。

在低碳经济政策对经济体影响的 CGE 模型分析中，学者们选取的对象可分为封闭经济体与开放经济体，而开放经济有局部开放和完全开放之分。研究封闭经济体中相关制度设计对经济发展的影响的文献较多，如：Goulder（1995）用跨期动态 CGE 模型分析了低碳经济制度变迁的成本，分别分析美国和中国采用相关政策措施后产生的宏观经济成本。Farmer and Steininger（2002）通过静态 CGE 模型对澳大利亚的减排成本进行了估计。在分析全球不同地区低碳政策的实施效果时，开放的 CGE 模型具有较强的拟合功能，如 Yang（1999）和 Manne, et al（1995）分别在 EPPA 和 MERGE 模型中引入碳税模块计算了全球不同地区减碳成本的差异。Wendner（2001）研究了减排 CO_2 与社会保障系统融资之间的一致性问题。Reilly, et al（1999）研究了美国在考虑多种温室气体和森林碳汇时履行京都议定书的成本。在关注减排 CO_2 成本的同时，许多 CGE 模型的开发者围绕减排政策所带来的共生效益（co-benefits）开展了大量的研究。其中，在 Burtraw and Toman（1998）所总结的 9 项共生效益研究中，3 项是以 CGE 模型为分析工具；在 IPCC（2001）总结的 10 个模型中，有 5 个是动态 CGE 模型。Pohjola（1995）用 CGE 模型模拟并比较了对砍伐森林征税和对保护森林进行补贴这两种气候变化政策的效果和宏观经济影响；而对于局部开放经济体的研究，CGE 模型开发者主要关注了欧盟经济在不同温室气体控制政策实施后的低碳效益（Gottinger, 1998）。Bernstein, et al（1999）用 MS – MRT 模型分析碳交易在欧盟内部及指定国家产生的减排效果。

CGE 模型在我国的应用尚处于初级阶段，用 CGE 模型研究气候政策较少，大都集中在我国减排 CO_2 的宏观经济影响方面。

Zhang（1996，1998a，1998b）分析了采用碳税来控制中国 CO_2 排放所造成的各种宏观影响。郑玉歆和樊明太（1999）建立了 PRC-GEM 模型，采用了比较静态分析方法，模拟分析了降低 5%、10% 和 20% 的 CO_2 排放所需要征收的碳税及其在短期和长期的影响，另外模型还讨论了如果在征收碳税的同时降低企业税，保持政府收入中性时碳税的影响。Garbacci, et al（1998）运用 CGE 模型分析控制中国 CO_2 排放量，在考虑人口增长、资本积累、技术变化和需求模式变化的基础上，模拟了征收碳税对中国经济的影响，认为征收碳税可在长期增加 GDP 和消费。王灿（2003）建立了一个中国经济—能源—环境动态 CGE 模型，用于分析马拉喀什协议下推进中国清洁发展机制的市场潜力，模拟了削减 1% 到 40% 的碳税政策方案所产生的经济社会成本。

可以看出，应用 CGE 模型分析低碳经济发展中的问题主要是对政策措施进行模拟分析。不论开放经济体还是封闭经济体中，CGE 模型均能对温室气体排放政策调整做出定量评估，为决策者提供科学参考。CGE 模型的优点是把低碳经济技术创新与制度创新统筹分析，寻找社会成本最小化决策。

我们在编制北京 2005 年社会核算矩阵（SAM）、构建北京低碳发展 CGE 模型基础上，应用北京低碳发展 CGE 模型进行政策模拟和分析，目的在于评估不同减排政策的组合效应。

第二节　北京市 CGE 模型的构建

为了分析北京低碳发展政策对能源消费、碳排放和国民经济发展的影响，我们根据 2005 年北京市投入产出表编制了北京的 SAM 表，并在此基础上构建了北京市低碳发展 CGE 模型，运用此模型模拟分析低碳发展政策对北京市能源消费、碳排放和经济发展的影响。

一　CGE 模型的基本理论和特点

可计算一般均衡（CGE）模型用一组方程将一般均衡理论抽象为模拟现实经济的实际模型，考虑了价格对各个产业的影响和要素间的替代关系，引入了经济主体的优化决策，用非线性函数代替线性函数将生产、消费和贸易有机地结合起来，对经济系统进行全面的系统分析并使之成为数值可计算的模型。在模型中，经济主体通常被抽象为居民、政府、企业和国外四个部门，生产要素包括资本和劳动。假设居民为要素的禀赋者和商品的需求者，从要素供给中得到收入，并在收入约束下做出商品需求的最优决策。企业为生产要素的需求者和商品的供给者，在完全竞争市场上，企业的超额利润为零；政府作为经济调控者，通过税收形成收入来源，同时支付政府消费；国外通过贸易与国内发生往来，贸易平衡作为当地的外汇收入进行储蓄。居民储蓄、政府储蓄与外汇平衡形成总储蓄，最终转化为总投资。

CGE 模型具有下述特点：第一，价格是模型的内生变量，并由"市场"所决定；第二，模型以瓦尔拉斯一般均衡理论为基础，以产品市场和要素市场由于价格的调整而实现均衡时的经济状况为分析背景；第三，模型中的供给函数和需求函数由生产者的利润最大化行为和消费者的效用最大化行为推导而来；第四，CGE 模型通常是多部门和非线性的，内含资源约束，更接近于现实。自约翰森在 1960 年建立第一个 CGE 模型以来，CGE 模型发展迅速，无论是发达国家还是发展中国家，都建立了许多 CGE 模型，被广泛应用于税制改革、贸易政策、经济一体化、农业政策、能源和环境政策等方面研究。

二　北京市 CGE 模型的基础数据库—SAM 的编制

社会核算矩阵（SAM, Social Accounting Matrix）是以矩阵的形式表示国民经济核算账户间的交易，反映了一定时期内社会经济主体之间的各种经济联系。SAM 的行和列分别代表了不同的部门、经济主体和机构，行表示账户的收入，列表示账户的支出，行和列的名称相同，代表同一组账户。矩阵中的非零元素表示各账户间的交易。SAM 采用的是复式记账法，每一账户的行和列须相等，即账户收入流与账户的支出流之间要相等。这种恒等关系体现了三种含义：（1）总投入等于总产出；（2）各机构账户（经济主体）的总收入等于总支出；（3）商品的总供给等于总需求（Robinson et al.，1990）。SAM 数据主要来源于投入产出表（I/O 表），是在国民经济核算框架内对 I/O 表进行的扩展，不仅能表达 I/O 表中生产部门之间以及与非生产部门之间的投入产出、增加值形成和最终支出的关系，还能描述 I/O 之外的非生产部门之间的经济关系。SAM 为 CGE 模型提供了一个综合、全面和一致的标准数据库，同时，SAM 本身也可以用于经济分析，如投入产出、收入分配、税收等。表 4.1 是北京宏观 SAM 的理论结构，包括活动、商品、要素、税收、企业、居民、市政府、中央政府、投资储蓄、国内其他地区和世界其他地区，各个单元格标注了该项数值的经济含义。

　　SAM 比较灵活，账户可以根据具体研究问题而设定。作为省级的北京市 SAM，由于要应用于研究能源消耗和二氧化碳排放，所以，与一般的 SAM 相比，主要考虑五个方面：（1）政府部门中，除了市级政府外，还有中央政府，并且市级财政和中央财政之间还存在一定的转移支付关系；（2）在贸易关系上，除了对外国际贸易，还有省际的贸易，即北京市与其他省市之间的商品调入和调出关系；（3）SAM 中的部门可以划分为能源部门和非能源部门、能耗高的部门和能耗低的部门，便于以后的模拟方案设计和分析；（4）与一般的 SAM 相比，更加强调能源部门，包括较为详细的能源部门，以便于研究各种具体能源的消耗和不同能源之间的替代关系；（5）考虑到交通部门是北京能源消费的大户，不同的交通工具所消费的能源是有区别的，因此，本研究中的北京 SAM 对交通部门进行了较为细致的划分。

　　本研究依据 SAM 的理论结构和研究需要，分别建立了北京市的宏观 SAM 和微观 SAM。其中，宏观 SAM 为描述整个宏观经济活动提供了一个全面而一致的框架，同时它为微观 SAM 中的子矩阵提供了控制数字（Reinert and Roland – Holst，1997）。微观 SAM 则细化了宏观 SAM 中的各个账户，通常包括活动和商品部门、劳动力类型、居民类型以及各种税收和贸易等，提供了更为详尽的经济账户信息。北京宏观 SAM 见表 4.2，宏观 SAM 中的许多数据均来自于投入产出表，如中间投入、劳动和资本要素投入、活动税、市场产出、居民消费、市政府消费、投资、居民的劳动收入、企业的资本收入、市政府的直接税收收入、企业的储蓄和进出口、国内的调出和调入数据等，均由北京市 2005 年 42 个部门的投入产出表中的数据加总得到，其他一些数据来源于表 4.3。北京微观 SAM 中的数据来源更为广泛，其中核心数据来自于投入产出表，本研究采用的是 2005 年北京市的包括 42 个部门的投入产出表。但是，其中的42 个部门包括的能源部门较为加总，仅包括五个能源部门：煤炭开采和洗选业；石油和天然气开采业；石油加工、炼焦及核燃料加工业；电力、热力的生产和供应业；燃气生产和供应业。为了强调能源部门，便于更为准确折算能源消费和二氧化碳排放量，同时可以用于分析不同能源之间的替代关系，本研究对能源部门进行了扩展，对能源部门进行了进一步分解。同样，42 个部门中仅包括一个交通部门，为了细致分析交通部门的能源消费，本研究还对交通部门进行了细致划分。

　　对能源和交通部门的分解过程包括两个步骤。首先，我们利用现在最为详细的投入产出表，即 2007 年北京 135 个部门的投入产出表中的部门划分情况和结构比例关系，将石油加工、炼焦及核燃料加工业部门划分为石油加工和核燃料加工业、炼焦两个部门，并将交通运输及仓储业部门分解为 8 个交通部门，包括铁路运输业、道路运输业、城市公共交通业、水上运输业、航空运输业、管道运输业、装卸搬运和其他运输服务业、仓储业。其次，将石油加工和核燃料加工业分解为汽油、柴油、燃料油和液化石油气，主要是根据《北京统计年鉴》和《中国能源统计年鉴》中关于分行业主要能源品种消费量、能源产量、能源调入和调出等统计资料，以及从商务部网站等查找的能源价格数据等，通过能源消费量乘以能源消费价格得出能源消费额，并以此计算各种能源消费和调入调出等比例，然后依据投入产出表中的数据进行综合折算。由于 SAM 数据来源广泛，通常会出现账户不平衡的情况。因此，需要进一步平衡 SAM。平衡 SAM 的方法有多种，其中，宏观 SAM 主要是通过手动平衡，而微观 SAM 则需要采用一些数学方法来实现账户平衡，通常有 RAS 法和 CE（Cross‐Entropy，交叉熵法）方法。Robinson，et al（2001）详细介绍和比较了这两种方法，并提供了 CE 方法的 GAMS 程序。目前，CE 方法运用相对广泛。本研究采用了 CE 方法来平衡 SAM 表。最后，北京微观 SAM 表包括 53 个部门，其中，包括九个能源部门和八个交通部门，具体的部门见附录 1。

表 4.1　　　　　　　　　北京 SAM 的理论基本结构

	活动	商品	要素	居民	企业	市政府	中央政府	投资储蓄	国内其他	世界其他	总计
活动		市场产出									总收入
商品	中间投入	运输费用		居民消费		政府消费		投资	调出	出口	总需求
要素	增加值									来自国外的要素收入	要素收入
居民			居民要素收入	居民间转移支付	企业剩余	政府对居民转移支付				来自国外的居民转移收入	居民收入

续表

	活动	商品	要素	居民	企业	市政府	中央政府	投资储蓄	国内其他	世界其他	总计
企业			企业要素收入			政府对企业的转移支付				来自国外的企业转移支付	企业收入
市政府	生产税；增值税	销售税；关税；出口税	政府要素收入；要素税	居民对政府转移支付	政府剩余；企业所得税		中央政府补助收入			来自国外的政府转移支付	市政府收入
中央政府						上解中央政府					中央政府收入
投资储蓄				居民储蓄	企业储蓄	市政府储蓄	中央政府储蓄		国内其他地区储蓄	国外储蓄	总储蓄
国内其他		调入									国内其他流出
世界其他		进口	国外要素收入		国外剩余	政府对国外转移支付					外汇流出
总计	总支出	总供给	资本支出	居民支出	企业支出	市政府支出	中央政府支出	总投资	国内其他地区流入	外汇流入	

来源：作者编制。

表 4.2　　　　　　　　　北京的宏观 SAM　　　　　（单位：亿元）

	活动	商品	劳动	资本	企业	居民	市政府	中央政府	直接税	活动税	投资储蓄	存货	调出	出口	总计
活动		20820.2													20820.2
商品	13898.2					2248.0	1291.5				3204.7	378.3	4535.1	2749.5	28305.2
劳动	3114.2														3114.2

续表

	活动	商品	劳动	资本	企业	居民	市政府	中央政府	直接税	活动税	投资储蓄	存货	调出	出口	总计
资本	2789.5														2789.5
企业				2789.5											2789.5
居民			3114.2		1750.0		8.8								4873.0
市政府								1976.5	19.9	1018.3					3014.6
中央政府							430.3								430.3
直接税					11.4	8.4									19.9
活动税	1018.3														1018.3
投资储蓄					1028.1	2616.5	1282.5	-1546.2					334.9	-132.9	3582.9
存货											378.3				378.3
调入		4870.1													4870.1
进口		2615.0					1.6								2616.6
总计	20820.2	28305.2	3114.2	2789.5	2789.5	4873.0	3014.6	430.3	19.9	1018.3	3582.9	378.3	4870.1	2616.6	

来源：作者编制

表4.3　　　　　　　　　　　　北京宏观 SAM 数据来源

单元格	包含项目
居民从企业得到的转移支付	列余量
居民从政府得到的转移支付	社会保障补助支出，25.0954 亿元；抚恤和社会救济费，32.0515 亿元，政策性补贴 4.6158 亿元。
居民所得税	个人所得税，84.5232 亿元。
企业所得税	企业所得税，164.7615 亿元。
政府直接税收入	居民所得税 + 企业所得税
居民储蓄	列余量
企业储蓄	列余量
市政府储蓄	列余量
中央政府储蓄	列余量

续表

单元格	包含项目
国内其他地区储蓄	列余量
国外储蓄	列余量
国外获得的市政府转移支付 ($T_{12,7}$)	外事支出，0.159 7 亿元；对外援助支出，74.07 亿元；国外借款付息支出，35.36 亿元；国外借款还本支出，44.86 亿元。
市政府对中央政府的转移支付	上解中央政府支出 43.022 9 亿元
中央政府对市政府的转移支付	中央补助收入 197.770 9 亿元

数据来源：《中国财政统计年鉴》，2006 年。

除了 SAM 表外，CGE 模型中的外生变量和参数很多，但大部分数据都是通过 SAM 中的数据运用校准方法得到。运用校准方法得到的参数主要包括各种生产贸易方程中的份额参数和转换参数、收入模块中的各种税率、居民边际储蓄倾向和收入来源比例以及各种产品的消费支出比例等。只有少数参数需要外生给定。北京 CGE 模型所需其他主要参数为：

（1）各种弹性：如生产要素替代弹性、居民需求的收入弹性、贸易转换弹性（Amington 弹性）。

（2）根据研究问题的需要，给定一些变量实际值，如人口增长率、就业人数、工资水平等。CGE 模型研究的是相对价格的作用，所有产品和要素的价格在基准年均设为 1。

（3）能源方面的数据：各个部门的能源消耗系数、能源强度、能源利用效率的技术进步率等。

这些数据主要来自于各种参考文献，能源相关数据则主要来自相关统计资料。

三　北京 CGE 模型

在 CGE 模型中，在生产投入方面，各个要素（包括劳动和资本）按照 CES 生产函数组合成增加值，然后将增加值与中间投入按照 Leontief 生产函数进行生产；在产出方面，按照 CET 函数在国内销售和出口之间进行分配；在需求方面，来源于国内生产的产品和进口产品按照 Amington 函数组合，需求的主体主要有居民消费、政府消费和投资。在市级 CGE 模型中，在贸易方面，除了国际贸易外，还要考虑与国内其他地区的贸易；在政府方面，包括市级政府财政和中央政府财政。一般 CGE 模型由价格、生产、贸易、机构收入和需求、系统约束和宏观闭合、动态模块六组方程组成。

（一）价格方程

模型中包括各种商品的进口价格、出口价格、国内其他地区的调入和调出价格、市内的销售价格以及各种合成价格和价格指数等，不同的价格反映了不同来源和去向的商品差异，包括运输费用和质量差异。价格方程用于建立各种价格（内生或外生）之间以及与非价格变量的联系。进出口价格涉及汇率、进出口关税率以及单位进出口品的交易成本。国内调入和调出价格主要涉及其中的运输费用。市内产品的销售价格等于生产者价格加上到市场的运输费用。中间产品价格和活动价格是各种投入品和活动价格的加权。消费品价格指数和生产者价格指数分别是各种商品的消费价格和生产价格的加权。

（二）生产方程

CGE 模型假设生产者都在规模收益不变的生产技术条件下按利润最大化原则进行生产决策。利润最大化时，要素的边际成本（即要素的价格）等于产品的边际收益。所有部门的产出主要由中间投入和增加值构成，其中，总的中间投入由各种中间投入按固定的投入产出系数组成，方程设定为 Leontief 方程形式；增加值由劳动和资本两种要素组成，并且要素间存在不完全替代关系，采用常替代弹性 CES 方程形式。当中间投入和增加值确定后，增加值和中间投入按照 Leontief 方程形式合成产品产出，每单位产出的中间投入与增加值的比例固定，这种比例主要取决于生产技术，而不是生产者的决策。部门生产技术和采用的函数形式具体见图 4.2。

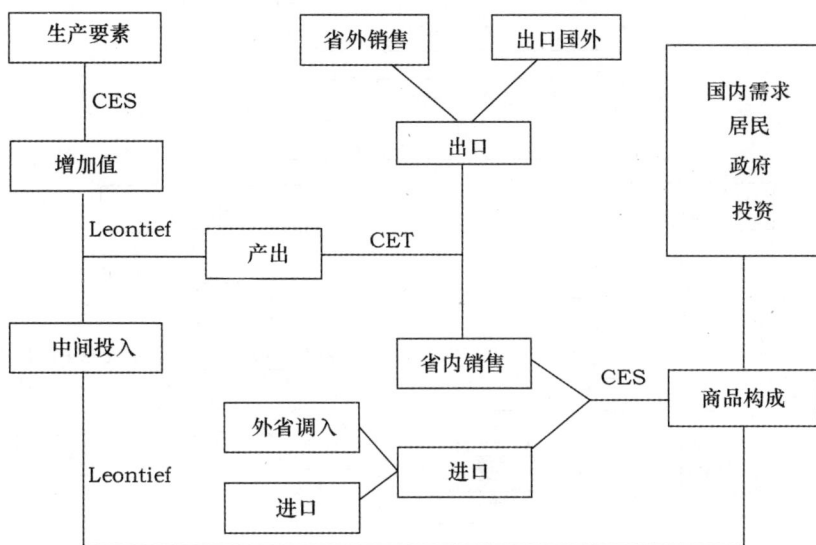

图 4.1 商品和要素流动

在能源环境 CGE 模型中,一个非常重要的问题就是怎么处理能源生产要素,尤其是能源与其他要素,如资本和劳动的关系。通常有替代关系和互补关系两种假设,并且认为通过模型来决定其关系。替代关系还要考虑到能源与资本、能源与劳动以及能源与能源之间的替代关系,并且,还要考虑到这种关系还可能在不同时期发生变化。Vinals(1984)指出,能源与资本之间的替代关系是非常重要的,这决定了总产出随着能源价格发生变化的方向,意味着当能源变得便宜时或者能源效率提高时能源对产出的贡献。但学术界对于能源与资本的关系至今仍未达成共识。Berndtand Wood(1979)认为是互补的,而 Griffin and Gregory(1976)、Harris,et al(1993)则认为是替代关系。其次,不同种能源之间的替代关系也是一个非常重要的问题。目前,在对能源与资本的关系还不清晰的情况下,CGE 模型主要依赖于各种相关的研究和猜测估计。在能源替代行为的刻画上,可分为两个步骤。首先,假设能源投入与其他中间投入分离,与初级要素形成综合商品,此综合商品与其他中

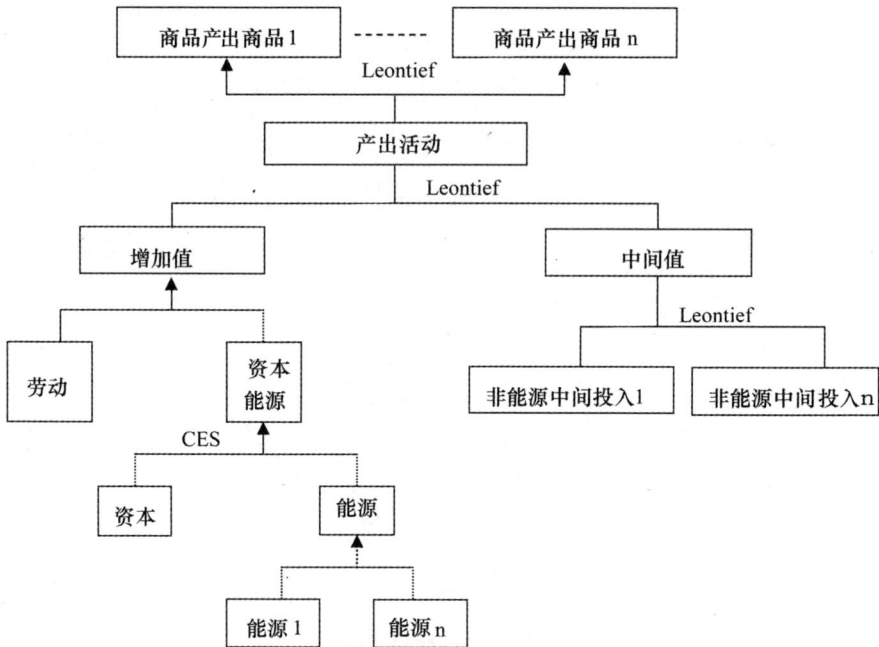

图 4.2 生产技术

间投入的替代弹性为零；其次，资本与能源形成综合商品，能源与资本之间为相互替代关系。目前大部分能源环境 CGE 模型将能源作为一种生产要素，因此，生产要素中不仅包括资本和劳动，中间投入被分为能源和非能源中间投入，并且能源中还进一步分为燃料还是非燃料能源（如电力）等，生产函数式如下：

$$X_j = f_j(K_j, L_j, M_j, F_j, E_j)\text{ ；}\tag{1}$$

其中，X 是总产出，K 是资本，L 是劳动，M 是非能源中间投入，F 和 E 分别是燃料和电力，是各种燃料和电力产品的加总。生产函数形式通常为灵活的形式，参数由计量经济方法估计得到。但通常由于缺少数据，无法进行计量估计，因此，不同的投入要素之间的替代弹性通常是由猜测估计得到，或者从相关的生产函数和相关的计量研究文献中得到。

（三）贸易方程

与单国模型不同，市级模型中不仅包括市内和国外之间的贸易，而且包括国内地区之间的流动，因此，包括两个层次的关系，市内生产的产品既可以销售到市内，也可以调出到市外，而调出到市外又可分为调出到国内其他地区或出口；同样，市内消费商品既可以来自于本市，也可以来自市外，市外既包括国内其他地区，也包括国外进口商品。图 4.3 是商品贸易流向图，描述了产品从市场供应到最终消费的流程。首先，各种单独的商品通过 CES 函数复合成商品总产出，为了在相对供应价格约束条件下实现最大化消费，允许消费者在商品的不同产出活动之间进行替代。商品产出不仅供应本市消费市场，还可能销售到国内其他地区市场和国外市场，市内商品和调出商品之间以及调出到国内其他地区和出口之间均采用常转换弹性（CET）函数。常转换弹性（Constant Elasticity of Transformation，CET）函数在形式上与 CES 函数很相似，生产者在产出后，将面临如何在不同的市场（如国内和国际市场）上分配销售，以达到销售最大化目的。生产者根据利润最大化来决定产品销售地，而利润是建立在市内价格、国内其他地区的价格和出口价格基础之上的，取决于内生的两种相对价格之间的相互作用。调进商品和市内商品之间也存在替代可能性，采用 Armington 的方程形式，而从国内其他地区调进的商品和从国外调进的商品之间也存在可替代关系，同样采用 Armington 函数。各个部门的 Armington 弹性不一样，弹性越低说明产品差别越大；反之，则越小。另外，这种形式同时适合于中间商品和最终产品。商品的最终需求主要有居民消费、政府消费、投资需求和中间品投入需求。

（四）机构收入和需求

CGE 模型中包括政府、企业和居民。但由于北京市属于市级模型，因此，与国家级模型不同的是，这里的政府包括两种类型，即市级政府和中央政府，根据我国财政体制，两级政府有各自的收入来源和支出项目，并且，地方政府和中央政府之间还存在相互间的财政转移支付。这里重点考虑北京市政府与中央政府之间的财政转移支付的关系，如北京市财政上解中央财政，而中央政府则为北京市提供财政补助。居民和企业的收入主要来自于产品生产过程中的要素回报。资本供应在给定的时期内是固定的，并且不能跨部门流动，因此，资本收益为部门收益。假设劳动力在固定的实际工资水平下，供给具有完全的弹性。各种活动支付的工资等于经济系统平均工资乘以该活动的工资扭曲系数。这种针对具体部门的要素回报，通常采用简单的平均工资，因为要素的平均回报可以根据不同的职位和部门来观察得到。最后，要素的收入还包括从国外得到的赠款和收入。居民和企业按他们控制的要素存量比例获得要素收入。企业的收入来源主要是资本所得收入减去企业税收和储蓄，再加上从国外获得的剩余利润。居民除了要素收入外，还得到政府、企业和国外的转移支付。居民可支配收入等于总收入减去个人所得税、储蓄和对国外的赠款。消费偏好是从 Stone-Geary 效用函数在居

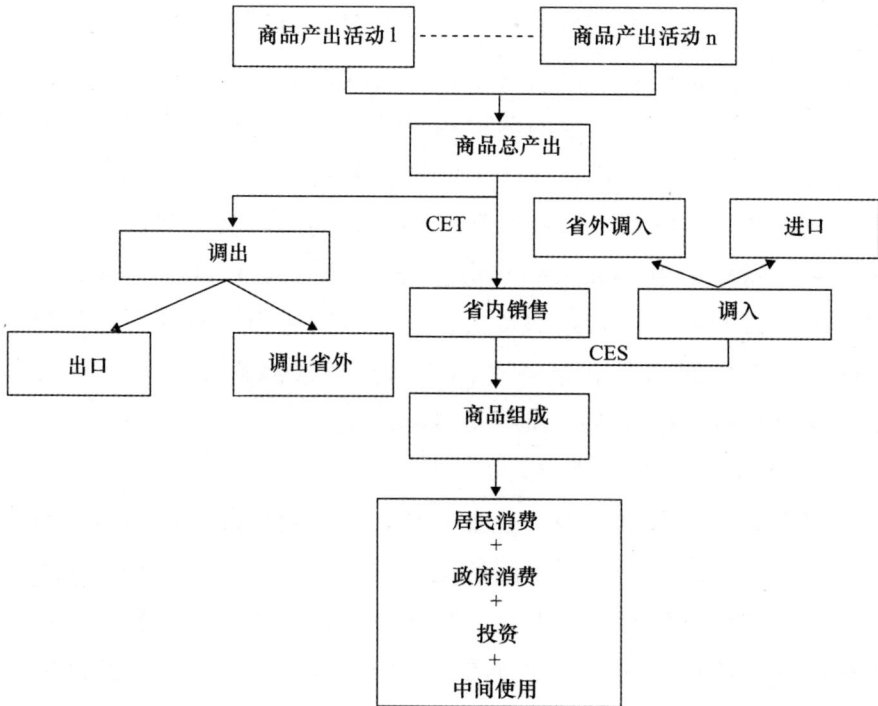

图 4.3　商品贸易

民预算收入约束条件下推导出的线性支出系统（Linear Expenditure System，LES）。线性支出系统（LES）包括基本需求（最低消费支出，用于满足基本消费）和超额需求两个部分。在给定的收入和价格水平下，需求方程定义为居民对每一商品的实际消费。市级政府的大部分收入来自于各种直接的和间接的税收，同时还来自于中央政府的补助，这些收入用于政府消费和对居民和企业的转移支付，收入和支出的差额为财政盈余或赤字，另外，市政府对国外也有些收支账户。这里，中央政府的收入来自于北京市上解财政，支出为对北京市的财政补助，结余项则为中央政府的储蓄。

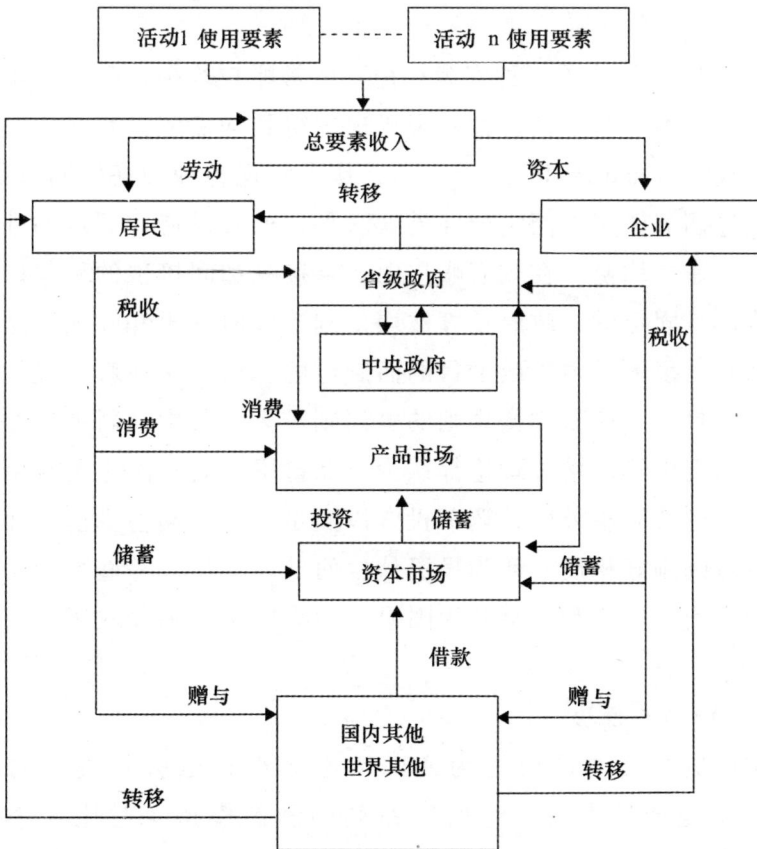

图 4.4　机构收入和需求

（五）系统约束和宏观闭合

商品和要素的供需平衡是 CGE 模型实现均衡的必要条件。商品需求包括居民消费支出、政府消费支出、投资、调出到国内其他地区、出口和运输服务，商品供给则来源于市内产出、国内其他地区调入和进口。需求和供给通过内生各种价格之间的相互作用实现均衡状态。价格的相对变化又会对部门产量和就业产生影响，从而对机构收入和需求产生影响。要素的供需平衡也同样取决于各种要素价格间的相互作用。资本通过调节具体部门的利润率来保证资本的总需求等于资本总供给。劳动则通过假设劳动市场中存在不充分就业，即实际工资水平为固定，主要通过调节劳动供给予以满足需求。

CGE 模型包括了三种宏观均衡：经常账户均衡、政府均衡和储蓄—投资均衡。为了在各种宏观账户中得到均衡解，有必要引入宏观闭合规则（marcroclosure rules），作为实现各种均衡的调节机制。假设通过调节汇率来固定国外借款水平，即假设持有固定的外汇来实现经常账户均衡。在政府账户中，直接税和间接税的税率以及政府消费都是固定的，政府预算被用于调节政府支出和收入。这种闭合规则假设税率是由于政治目的而制订的，而与其他政策或经济环境无关。投资—储蓄均衡规则的争议则较大，其中，新古典经济学和最近的内生经济增长理论都认为，储蓄更重要，决定了投资和产出水平，建议储蓄外生，调节投资以满足投资—储蓄平衡；而凯恩斯的观点则刚好相反，认为投资外生而储蓄内生。一些发展中国家的例子证明，投资和储蓄互为因果，均为内生并随着政策的变化而相应地调节。

（六）动态模块

本研究所建立的模型为递归动态模型，也就是说，动态模型实际就是通过求解一组时序系列的静态模型，对比各个静态模型的数值解来反映模型的动态路径。动态模块包括各经济主体的跨时联动方程设定，以及各外生变量和跨时参数的数据调整。跨时联动方程为下一阶段提供了所需的全部外生变量，并以此为前提，通过静态模型部分得到新的均衡解。在递归动态 CGE 模型中，给定一些外生变量，如人口增长率和技术变化率、居民和企业的边际储蓄倾向的增长率以及资本的折旧率等，而其他一些变量则为内生变量。例如，总资本供给在模型中是内生的，总资本取决于上期资本存量和本期投资，各个部门的资本分配主要取决于资本收益比例。资本主要通过投资和资本积累方程来实现，当期资本存量等于前一时期的资本存量减去折旧加上总投资，并且，资本中还考虑了折旧率，部门间的资本是基于过去的资本存量和投资在部门间的分配比例确定。资本在部门间的分配比例则通过每个部门的利润率与整体平均利润率之比来调节，利润率高的部门获得的投资多，反之则较少。资本的部门分配过程较复杂，需要经过四个步骤：首先是平均资本利润率，等于各个部门的资本利润率的加权平均，权重为各个部门的资本需求总量；第二步是各个部门的新资本投资比重，通过部门资本的当期比例和平均资本利润率计算得到；第三步是计算部门新资本数量和资本单位价格，主要通过新的总资本数量和部门新资本比重来计算。最后一步为新的总资本数量和部门资本数量，等于前期资本水平加上新增资本。

第三节　北京市低碳发展政策的
模拟和分析

尽管建立了 53 部门的 2005 年北京 SAM，但是，目前我们只使用北京 2005 年 42 部门的 SAM 及相应的动态 CGE 模型，进行低碳发展政策模拟分析。

在这个模型中，机构之间的收入分配被简化，得出了一些初步结果。正如前面的分析，CGE 模型还需要分部门的碳排放量数据。为了得到碳排放数据，我们采用了 GTAP 数据库中类似的方法

(Lee，2007)，只是考虑了在生产和消费过程中化石能源消费的碳排放量，而且主要是通过固定的碳排放系数来连接化石能源消费量与碳排放量。下面是政策模拟方案设计和模拟结果。

一　北京市低碳发展政策模拟方案设计

为了分析能源和环境政策对北京市经济和碳排放的影响，本研究建立了北京递归动态 CGE 模型，该模型以 2005 年为基准年，并应用该模型模拟了 2005—2020 年间北京市经济发展和碳排放的情景。模拟方案包括基准方案和非基准方案两类：基准方案模拟假设通常的经济发展模式下未来的经济发展和碳排放情景，同时为非基准方案提供对比依据，用于衡量各种非基准方案所产生的宏观经济影响和碳排放效应。非基准方案则用于进行政策模拟分析，从定性和定量的角度全面分析各种政策对能源使用、碳排放、就业、经济发展和结构调整等的影响，为北京制定各种政策提供优化选择方案。

（一）基准情景

基准情景为政策模拟情景提供可比较的基准线。本研究采用的基准情景假设，考虑了北京城市发展规划和近年的人口和经济发展趋势。在基准的 2005 年，北京人均 GDP 为 45 993 元（相当于 5 615 美元）（北京统计年鉴，2010）。我们假设在基准情景下，北京人均 GDP（按 2005 年 GDP 价格计算）到 2015 年、2020 年将分别达到 16 617.75 美元、25 683.63 美元，分别为 2005 年的 2.17 倍、3.13 倍，年均分别增长 8.04%、7.90%；2005—2020 年间，北京 GDP 年均增长约 10.1%，在模型中主要通过调整生产方程中的全要素生产率（TFP）来实现。不过，模型中并未对不同部门设定不同的技术进步率，也未对劳动力进行细分。

（二）政策情景设计

世界许多国家期望中国立即采取限制或减少碳排放的行动。中国已经承诺在主要能源消费中设定碳强度及非化石燃料的比重。在

2009 年哥本哈根召开《联合国气候变化框架公约》缔约方第 15 次会议前夕，中国政府承诺 2020 年单位 GDP 碳排放量比 2005 年下降 40%—45%，并且到 2020 年，使非化石能源占一次能源消费份额增加到 15% 左右。为了达成上述宏伟目标并保持可持续发展，作为中国的首都，北京应在以上两个目标中做出相应的贡献。

目前，已有一些学者应用 CGE 模型研究中国能源消费和碳排放的相关问题，例如，中国碳税影响问题（Zhang 1998；Garbaccio et al. 1999；Wei and Glomsrød 2002；Liang et al. 2007），中国关税消减与 WTO 准入（Fan and Zheng 2001），中长期能源强度变化趋势（Li 2008），清洁煤项目效应（Glomsrød and Wei 2005），不同的气候政策对经济的影响（Wang et al. 2009），在能源使用及 CO_2 排放上提高能源完全使用效率（Liang et al. 2009）。在所有的措施中，学者们首先建议采取提高能源使用效率（如，Gan 1998；Zhang 2008；ZHU et al. 2009；Li 2010）。最近 Glomsrød 和 Wei（2010）用一个全球模型来研究中国能源效率改善问题。虽然提高能源使用效率会减少能源消耗量，但是能源使用效率提高后会使能源价格下降，从而导致更多的能源消费而对冲因能源使用效率提高所节约的能源消耗。这种"对冲"效应在一些文献里常叫作"回弹效应"，并为此争论了 10 多年（Greening et al. 2000；Dimitropoulos 2007）。但是，另一方面，保守派的立场也引起关注，例如，能源使用递减的速度高于能源效率增加的速度（Saunders 2008；Wei 2010）。事实上据估计，自 1978 年以来，中国通过改善能源使用效率已经减少了 180 亿吨 CO_2 排放。如果北京采取措施在某种程度上有利于改善能源使用效率，那么这种措施会真的减少北京的能源消耗量吗？并且同时会减少北京化石燃料的碳排放吗？我们通过北京的 CGE 模型来对上述问题进行分析。提高能源效率对经济影响较大，它从纯粹提高能源效率扩展到整个经济体，同时影响商品的价格、生产与消费。单部门分析很难考虑这些综合影响（如，Peters et al. 2007；Zhu et al. 2009），但 CGE 模型能够反映能源效率提高所带来的综合影响。

首先,我们用北京 CGE 模型来模拟提高北京能源效率的效果。以 2005 年为基准年,假设能源使用效率提高 5% 后的经济发展情况。我们将比较在提高 5% 前后相关变量的变化情况。模型中,能源使用效率提高 5% 是外生假定的。可以有很多不同的方式来提高能源使用效率,如安装节能设备,优化生产管理与能源消费,改变家庭或企业的行为,包括及时关掉不用的电视或灯泡。这里不讨论提高能源效率的具体途径。

其次,为了实现低碳经济,另一可能的政策是鼓励更多的清洁能源生产和消费。文献中提到的一个可行的政策是鼓励发电和用电(如,Eskeland et al. 2008;Dianshu et al. 2010)。我们认为,增加电力投资也是一种重要途径。在研究中,我们假设额外增加 5% 的电力资本投资,以便研究该项政策的影响。

最后,作为减排措施,碳税被经常提及。我们也在这里对北京实施碳税进行模拟分析。很多学者研究了征收排放 CO_2 税后对经济的影响,但结果迥异。主要有两种观点。一种认为,如果在减少企业税的同时适当增加较低的碳税,可以促进碳排放减少并保持经济长期增长;另一种则认为,不论在短期还是长期减少碳排放,中国均会承受巨大经济损失。中国社科院的一个研究证实,CO_2 减排会导致中国经济增长速度下降 1 至 0.016 个百分点(郑玉歆和樊明太,1999),一些特殊部门的产出会严重下滑,而仅有少数部门略有增长。我们在这里对北京的情况进行分析。我们假设每吨碳排放征税 35 元,这个税率相对于市场上的碳价是很低的。即使金融危机后,欧洲期货交易所碳价暴跌,碳交易也在 20 欧元/吨 CO_2(相当于 12 美元/吨 CO_2)之上。最近从 2009 年 3 月的 11 欧元/吨 CO_2 涨到 2009 年 7 月的 14 欧元/吨 CO_2(Point-Carbon 2009)。

在北京发展低碳经济就意味着创新低碳技术,改变生活方式,最大限度减少城市的温室气体排放,摆脱以往大量生产、大量消费和大量废弃的社会经济运行模式，形成结构优化、循环利用、节能高效的经济体系，倡导健康、节约、低碳的生活方式和消费模式，最终实现城市的清洁、高效、低碳和可持续发展。考虑到 CO_2 排放量主要来自于能源的消耗，减排的重点在于降低能耗，因此，本研究未来还可以运用构建的北京市动态 CGE 模型来模拟调整产业结构政策，重点发展低能耗产业，而减少高能耗产业的发展；模拟能源之间的替代、政策补贴等相关政策，同时，还可以考虑各种政策组合的综合效果。

二 北京市低碳发展政策模拟结果

这里从经济发展、能源消费和碳排放三个方面分别分析上述设计的提高能源效率、增加电力投资和征收碳税三种政策的模拟结果。

（一）提高能源效率

1. 经济影响

如果 2011 年北京能源效率提高 5%，2015、2020 年 GDP 分别比基期提高 1.3% 和 1.2%，这少于 5% 的能源效率改善。其中，在 2020 年，农村家庭消费增加 1.4%，城市家庭消费增加 1.3%，政府消费和投资均提高 1.1%。

图 4.5 中描述了能源效率提高 5% 后各部门投资与消费的变化情况。农村与城市居民的能源消费由于提高能源效率而减少。另一方面，改善能源效率会增加消费和促进投资，并使几乎所有部门都受益。

图 4.6 给出了 2020 年各个部门增加值的变化情况。由于能源效率提高 5% 后，价格发生了变化，几乎所有的生产投资都比之前更加便宜，这就意味着所有部门的增加值在总产出中的比例有所提高。但是，提高能源效率后，对能源生产部门产生了不同影响。到 2020 年，煤及油成品的产量分别增加了 3.7% 和 9.3%；但电力及天然气的生产分别减少 2.0% 和 1.1%。北京没有石油开

采活动，因此，在北京，污染较多的能源，如煤及炼油生产受益更多，而清洁能源，如电力和天然气的生产则承受一定的损失。

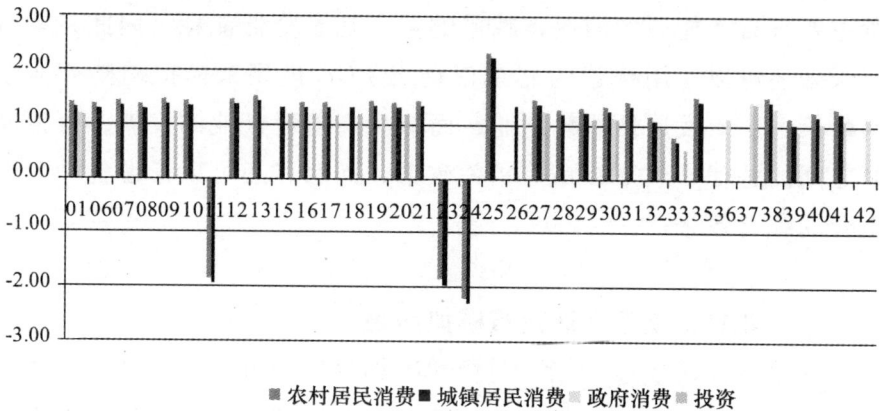

■农村居民消费 ■城镇居民消费 ■政府消费 ■投资

图 4.5　能源效率提高 5% 后各部门消费及投资的变化（%）

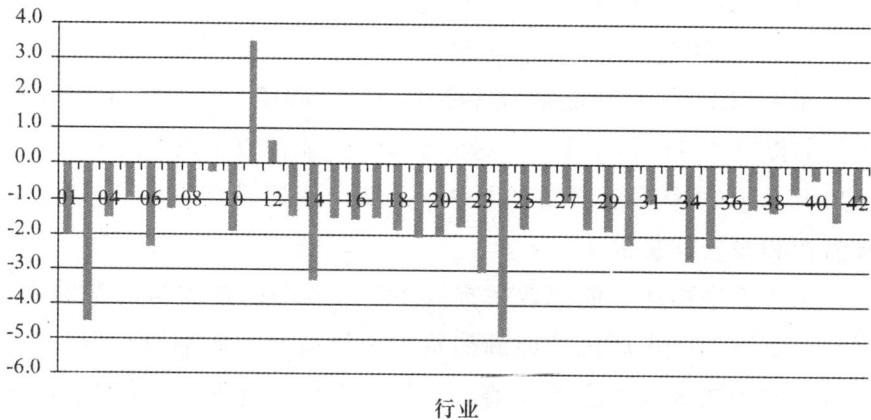

行业

图 4.6　能源效率提高 5% 后各部门 GDP 的变化（%）

2. 能源消费

提高能源效率 5% 后，北京能源总消费减少。到 2020 年，与基准情景相比，煤炭和原油的最终消费共减少 2.7%，天然气减少 2.1%，成品油减少 1.2%，电力减少 1.0%。但是，煤炭、成品油及电力的产量增加了。可以推断这些能源产品生产后被调出或出口到其他地方。因为提高 5% 的能源效率后，当地能源价格下降，其他地方的价格则相对提高。同时，当地低廉的能源价格也阻止了能源产品的调入或进口，这将使北京从净调出中取得了更高的经济增长率。在 5 种能源商品中，煤的消费总量减少最多。

图 4.7a 描述了 2020 年各部门煤炭消费变化百分比。除了炼油和化工两个部门外，提高 5% 的能源效率后，其他部门对煤炭的消耗减少。这也表明，我们不能断言提高 5% 的能源效率会使所有部门都减少煤炭消费。相反，在 5 种能源中，电力消费总量减少最少。

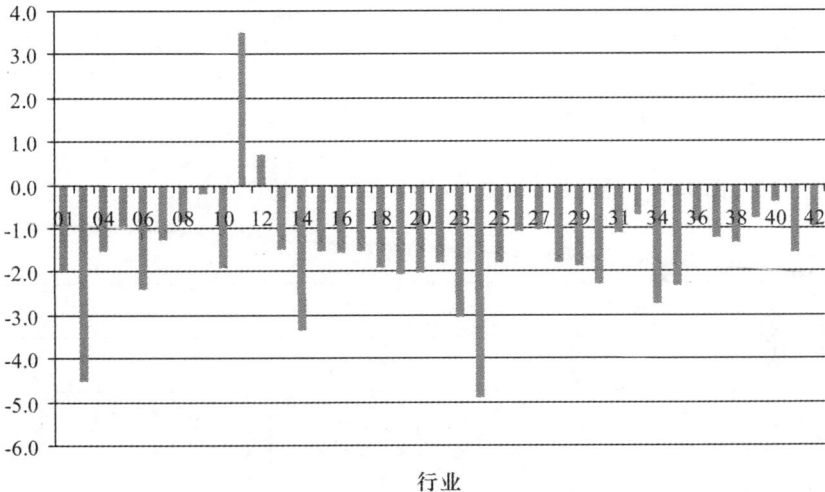

图 4.7a 能源效率提高 5% 后各部门煤耗的变化（%）

图 1.7b 描述了 2020 年各部门电力消费的变化百分比。与煤耗相比，更多的部门倾向于增加电力消费。因此，提高能源效率并不总是减少所有部门的能源消费。

图 4.7c 是 2020 年各部门对成品油的消费变化百分比。除了林产品、化工以及卫生和社会保障三个部门外，其他部门均减少了成

品油的消费，从而也有助于北京减少碳排放。

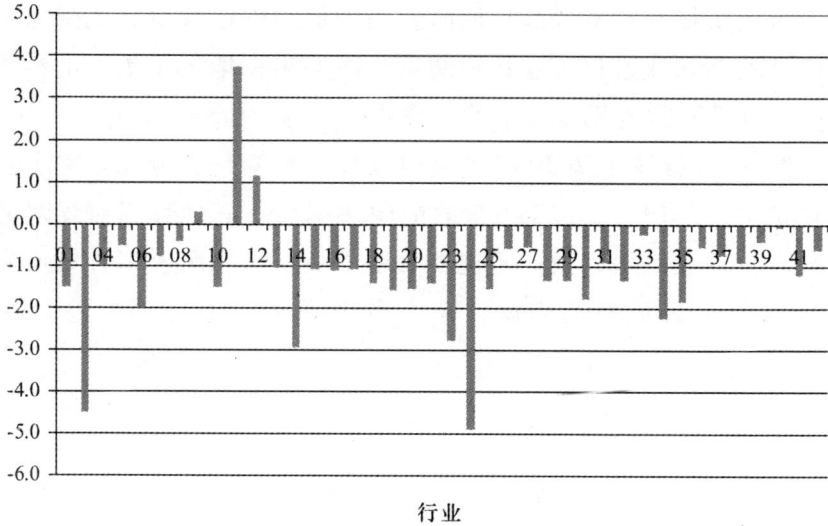

图4.7b　能源效率提高5%后各部门电力消费的变化（%）

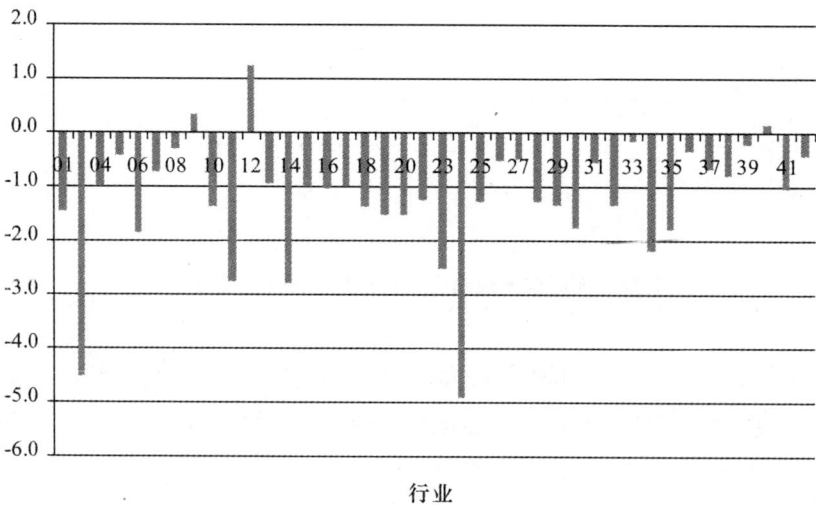

图4.7c　能源效率提高5%后各部门成品油消费的变化（%）

3. 碳排放

北京提高 5% 的能源效率后，碳排放总量减少 2.0%，这比 5% 的能源效率水平低很多。期望碳排放的减少率相当于能源效率提高率是一种误导。由能效提高导致的能源价格降低会促使能源消费量增加，产生强烈的反弹效应，从而缩小碳排放减少量。图 4.8 显示了各部门碳排放的变化，除了林产品与化工两个部门的碳排放增加外，其他部门的碳排放量都减少。总体上看，北京能源效率提高 5% 确实能够使大多数部门的碳排放减少。

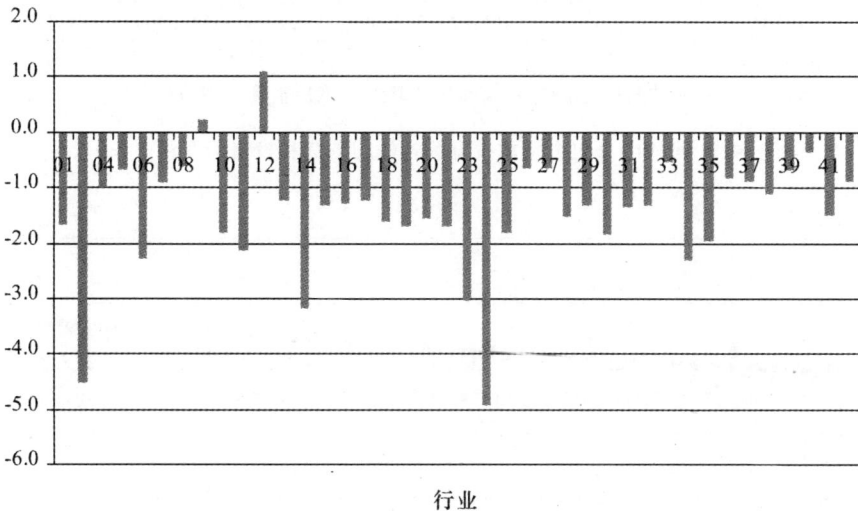

图 4.8 能源效率提高 5% 后各部门碳排放的变化 （%）

（二）增加电力投资

1. 经济影响

如果电力部门资本存量增长 5%，北京经济增长加快，2015、2020 年北京 GDP 均比基准情景提高 0.1%。其中，在 2020 年，与基准情景相比，农村和城镇居民的消费仅增加 0.1%，政府消费增加 0.11%，投资增加 0.08%。

图 4.9 描述了增加 5% 电力投资后，2020 年各部门投资和消费

的变动率。几乎所有部门的投资和消费都增加，尤其是居民的电力需求增加最多，农村和城镇居民均增加了 0.5 个百分点。

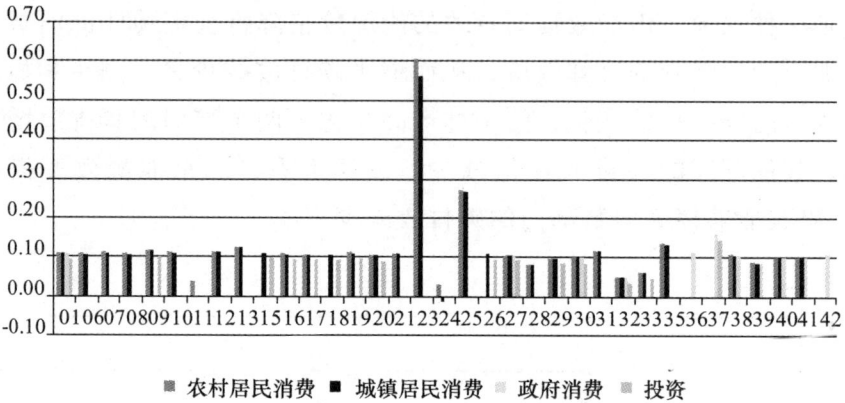

农村居民消费　　城镇居民消费　　政府消费　　投资

图 4.9　增加 5% 电力资本投资后各部门消费和投资的变化（%）

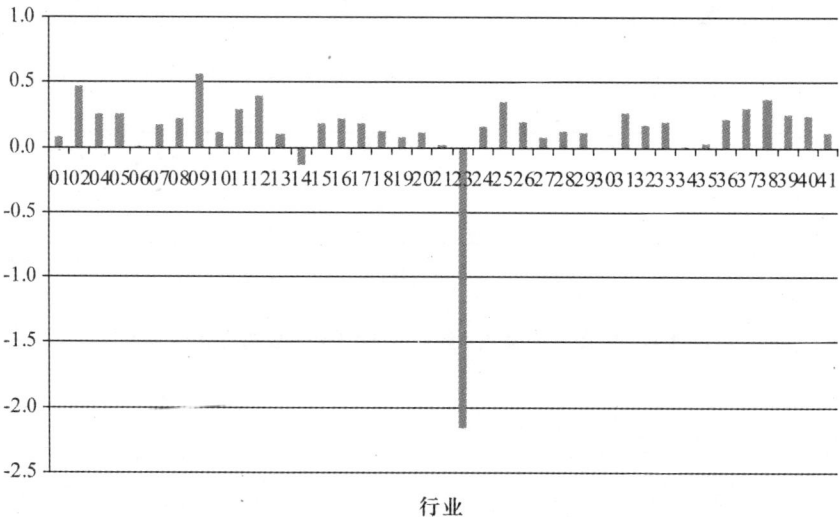

行业

图 4.10　增加 5% 电力资本投资后各部门增加值的变化（%）

图 4.10 给出了 2020 年各部门增加值的变化情况。几乎所有的部门都受益于电力部门 5% 的额外投资，但金属冶炼及压延加工业

和电力部门除外。电力部门投资越多，**市场电力供给价格越便宜，因而刺激了经济整体增长**。但是，尽管电力供应增加会推动经济增长，电力部门也会由于电价下降而受损。

2. 能源消费

北京在电力部门增加 5% 的资本投资，会使市场供电增加，从而导致能源价格下调，总能源消耗增加。与基准情景相比，2020年，电力总消费增加 0.8%，煤炭消耗增加 0.3%，原油和成品油增加 0.2%，天然气增加 0.1%。

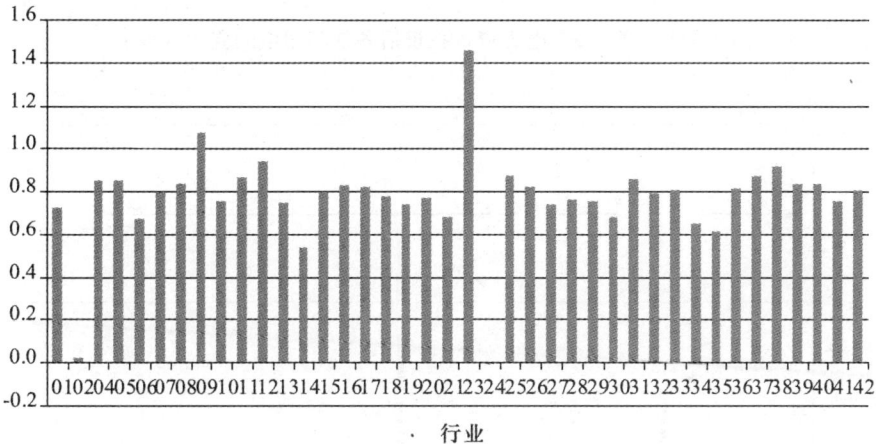

图 4.11a　增加 5% 电力资本投资后各部门煤耗的变化（%）

图 4.11a 是各部门电力消费的变化率。在电力部门增加投资后，所有部门都增加了电力消费。这表明，更多投资于电力将会鼓励更多的电力消费。如果由于投资政策导致电力供给增长主要来自于清洁技术，像风能、太阳能、水力发电以及核能，经济主体则倾向于更多的清洁能源——电力。可是，如果额外增加的电力供给是来源于燃烧化石燃料的发电厂，电力需求越多，消耗的化石燃料越多，则会产生更多碳排放。因此，增加电力部门投资应该用于开发可以减少碳排放的可再生的发电技术。为了研究这个问题，我们应该区分可再生能源发电技术与燃

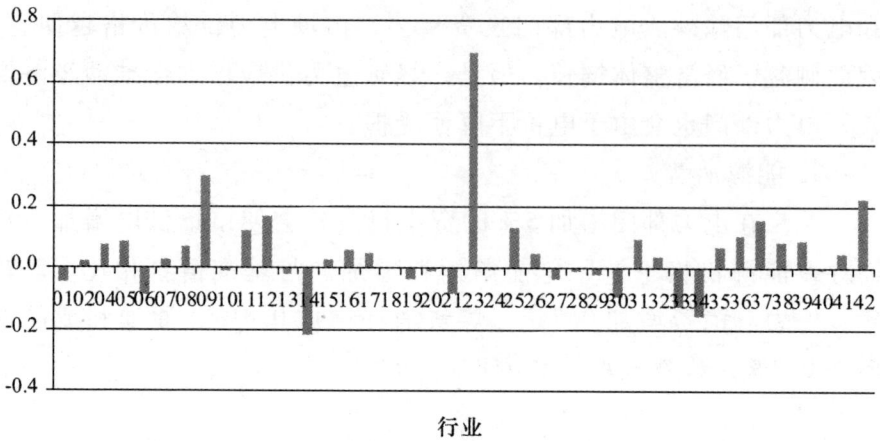

图 4.11b　增加 5％电力资本投资后各部门用电的变化（％）

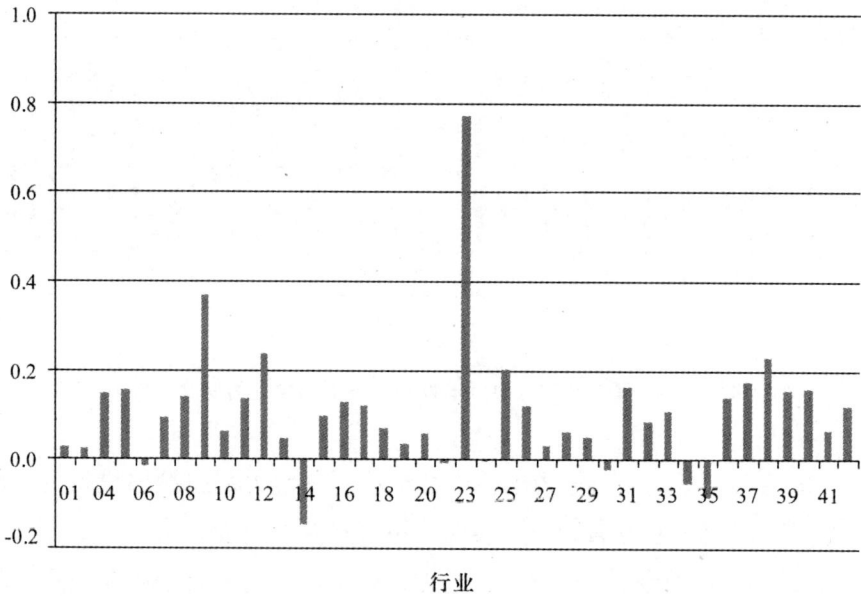

图 4.11c　增加 5％电力资本投资后 2020 年各部门成品油消费变化（％）

烧化石燃料的电力技术。但我们暂时未区分。现有的模型仅仅考虑了一个总的发电部门，一方面，增加电力投资的负效应是电力供给增多后会降低能源价格，从而促进消耗更多的化石燃料。低廉的能源价格刺激了更多的能源消费。图 4.11b 和图 4.11c 分别是增加电力部门投资后，2020 年各部门用煤和成品油的变化率。有很多部门倾向于增加煤和成品油的消费，因为在目前的模型中，增加电力部门投资不仅仅指增加可再生的电力发电。

3. 碳排放

北京增加 5% 的电力资本投资后，2020 年，碳排放总量略有增加，增幅为 0.2%。从部门上看（见图 4.12），42 个部门中大多数部门的碳排放量增加，只有 6 个部门的碳排放减少。总体上，北京增加 5% 的电力投资不能减少碳排放。但是，增加电力投资在模型模拟中没有明显增加可再生的电力生产。尤其是，电力部门的碳排放增长率最高。如果增加的资本存量促进了可再生电力发电，结果应会不一样。

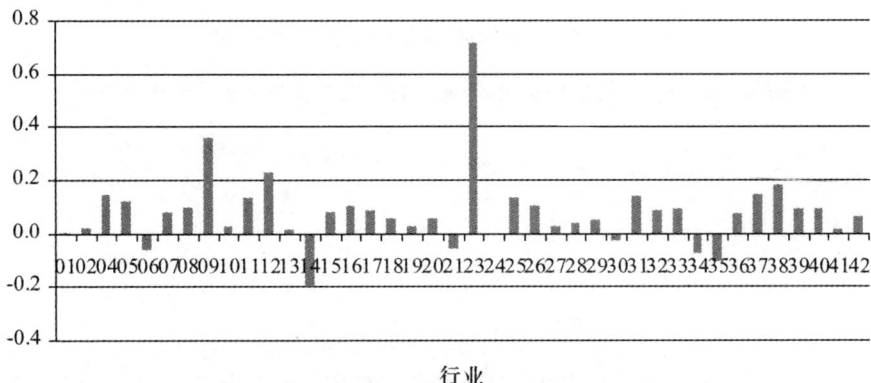

图 4.12　增加 5% 电力资本投资后各部门碳排放的变化（%）

（三）征收碳税

1. 经济影响

如果在 2011—2020 年期间，对所有的碳排放征收碳税税率为 35 元/吨碳（5 美元/吨碳），经济只会受到轻微冲击，2015、2020 年北京 GDP 都仅下降 0.015%，基本上可以忽略不计。其中，到 2020 年，农村与城市居民消费分别减少 0.05% 和

0.005%。对政府消费及投资的影响亦可以忽略。图 4.13 是征收
碳税 35 元/吨碳后，各部门消费和投资的变化情况。对大多数产
品的消费减少了，特别是对成品油和天然气产品消费减少的幅度
最大。但是，由于电力相对"干净"，碳税的负担相对小些，所
以对电力的需求增加了。

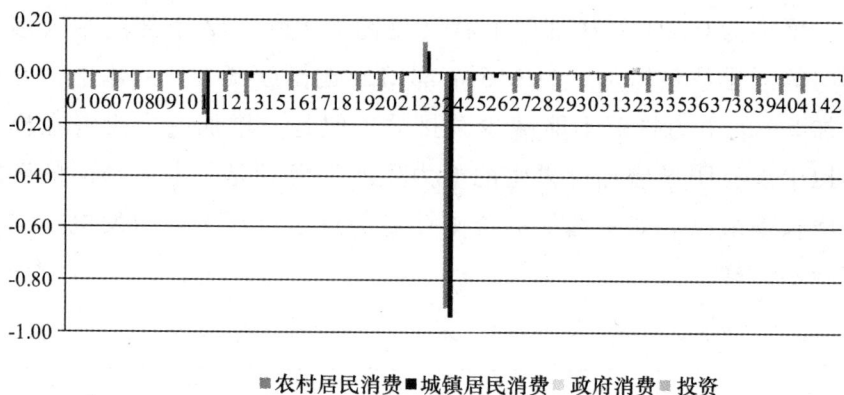

图 4.13   每吨碳排放物征税 35 元后各部门投资与消费的变化（%）

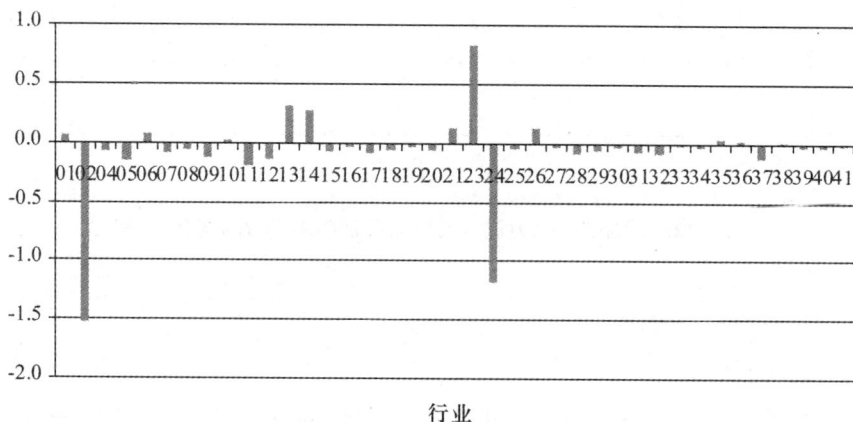

图 4.14   每吨碳排放物征税 35 元后各部门增加值的变化（%）

图 4.14 给出了 2020 年各部门增加值的变化。从各部门来看，

有些部门不同程度地受益，也有些部门不同程度地受损。征收碳税后，对碳排放较多的'脏'能源的需求减少，因此，煤和天然气部门成为损失最大的两部门；而另一方面，电力部门则受益颇丰。

2. 能源消费

由于每排放 1 吨碳征收 35 元税收，因此要想买同样量的能源必须支付更多，这会导致能源消费者减少用量从而导致能源的总消费量减少。2020 年，煤与天然气的最终消费都减少 0.7%，原油消费减少 0.4%，成品油消费减少 0.3%，用电减少 0.1%。

图 4.15a、图 4.15b、图 4.15c 分别显示了 2020 年各部门煤耗、成品油消费、电力消费的变动率。所有部门在征收碳税后都会减少用煤，同样，大部分部门也倾向于减少成品油的消费。这表明碳税能有助于减少煤炭和成品油的消费。这符合制订碳税决策者的预期，因为煤和成品油的消费越少，碳排放则越少。另外，征收碳税会对清洁能源（如电力）的使用造成负面影响。征收碳税后，与煤炭消费相比，大多数部门的电力消费减少的幅度小得多。煤炭和成品油两个部门都会大量减少用电，因此征收碳税会造成这两部门的产量下降。只有金属冶炼及压延加工业部门会消耗更多的电力。

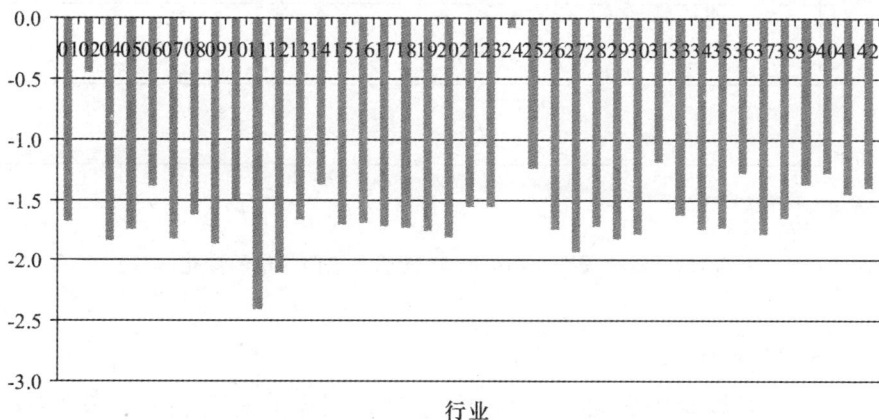

图 4.15a　每吨碳排放物征税 35 元后各部门煤耗的变化（%）

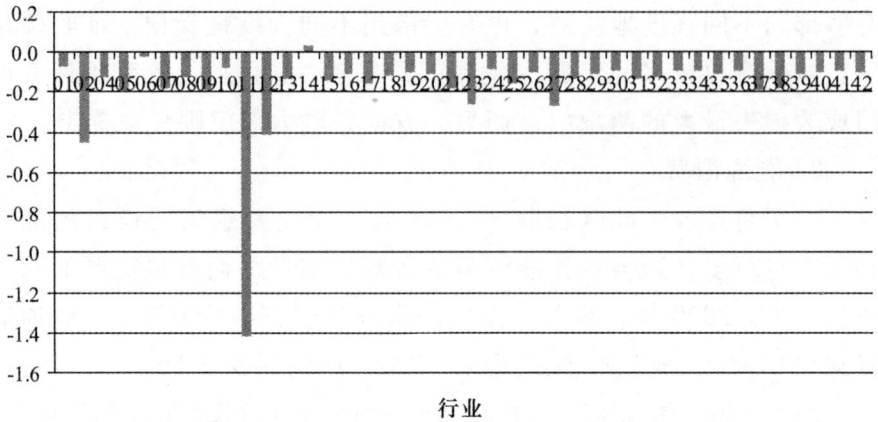

图 4.15b　每吨碳排放物征税 35 元后各部门成品油的变化（%）

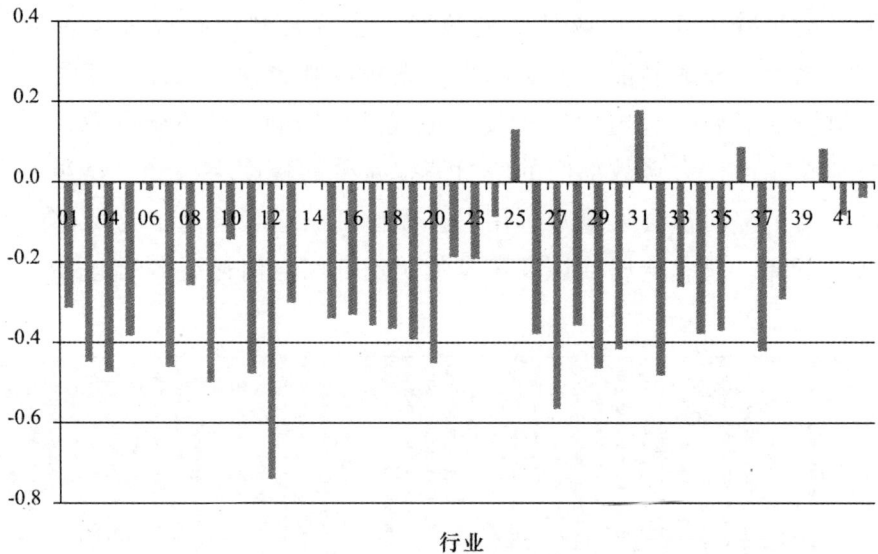

图 4.15c　每吨碳排放物征税 35 元后各部门用电的变化（%）

3. 碳排放

当北京以每吨碳排放征税 35 元时，碳排放总量会减少 0.54%。图 4.16显示了各部门碳排放的变动率；可以发现，对各个部门来讲，因为碳税增加了化石燃料的使用成本，所以，所有部门的碳排放量都下降。

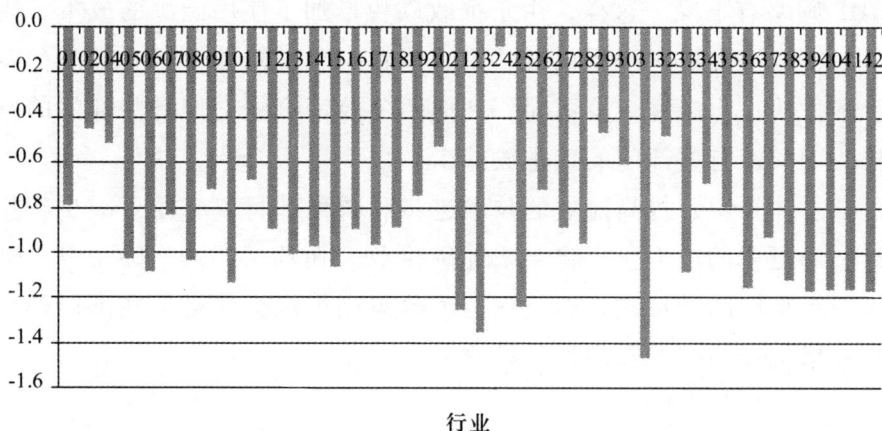

图 4.16　每吨碳排放物征税 35 元后各部门碳排放的变化（％）

三　模拟的基本结论

本研究通过政策模拟发现，提高能源效率有助于促进经济增长和减少碳排放，尽管增长的幅度小于能源效率的提高幅度。虽然相对脏的能源如煤炭和石油的产量增加，而相对干净的能源如电力和燃气的产量下降，但是，几乎所有的部门都受益于技术效率的提高。而且，北京本地的石油燃料消费减少，导致碳排放总量减少。这是由于技术改进后，这些能源部门具有相对比较优势，因此，更多的脏能源（如煤炭和石油）则主要外流到中国的其他地区或出口到国外。

当增加电力投资后，北京的经济略有增长，除金属冶炼及压延加工业和电力两个部门外，几乎所有的部门都得益于这项政策。然而，增加电力投资政策并没有减少北京的碳排放，因为这项政策刺激了大多数部门尤其是电力部门消费更多的化石燃料。这一结果是由于模型中只有一个电力部门，并没有区分不同的发电类型，额外的投资并没有明显增加可再生的电力发电，因此，化石燃料的发电被"错误"地鼓励了。

征收碳税能够通过较小的经济成本来帮助减少碳排放。当在

2011—2020 年期间征收 35 元/吨碳的碳税后，碳排放可以减少，而 GDP 则略有下降。这样，由于征收碳税增加了使用能源的成本，则可以在经济发展中抑制化石燃料的消费。碳税能够使所有部门都减少碳排放；与碳税政策不同，其他两项政策可能会使有些部门的碳排放增加，有些部门的碳排放减少。

总体来说，提高能效的技术进步和碳税都可以有助于减少碳排放，而更多的电力投资将会增加碳排放。在部门层次，碳税可以减少每个部门的碳排放，而其他两项政策则可能会使得某些部门的碳排放增加，另一些部门的碳排放减少。

第四节 北京市低碳发展政策措施的组合效应：以节能减排政策补贴和碳税的组合为例

推动一个经济体的低碳发展，在降低能耗、减缓碳排放的同时促进经济发展，可以有不同的经济政策、措施和手段。政府间气候变化专门委员会（IPCC）在其 2001 年的气候变化第三次评估报告及综合报告中，将这些政策、措施和手段分为以市场为基础的手段、规制手段和自愿协议三类，其中以市场为基础的手段包括碳税/能源税、补贴、排放税、许可证交易等，并认为基于市场的政策手段特别是国内税收和国内可交易许可证系统对政府更有吸引力，因为其不仅仅考虑成本有效性。但是，正如 OECD（2009）在其《减缓气候变化的经济学：2012 年以后全球行动中的政策和选择》报告中讨论减缓气候变化的政策工具时所指出：减缓气候变化的税收政策（如碳税/能源税、排放税）所获得的税收收入的使用方式也至关重要；理论上，排放税的收入越多地用于抵消对经济活动有损的其他税，该排放税的成本有效性就越强，这就是所谓的治污税的双重红利。一般而言，碳税/能源税、排放税虽然有助于减缓碳排放，但也会对经济发展产生不利影响。因此，碳税/能源税、排放税的实施应该结合扩大对节能减排的政策补贴而保持收入中性，因为节能减排补贴可以在激励有利经济活动的同时，降低能耗和碳排放的成本。碳税/能源税、排放税与节能减排补贴对于推动低碳发展具有对冲功能。而且，对于中国及北京市促进低碳发展来说，节能减排政策补贴较碳税/能源税或排放税都更实际和有效。

根据要求，我们调整和完善了北京市低碳发展 CGE 模型，引入节能减排政策补贴工具，以便结合北京市"十二五"规划，模拟分析北京市节能减排补贴政策的实施路径和长期效果，并在对动态结果进行分析的基础上，拓展节能减排政策补贴的影响模拟和政策建议。

一　政策情景及模拟结果分析

北京市推动低碳发展，实现到 2020 年的低碳战略目标，需要不同的政策、措施和手段的组合，不同的政策组合具有不同的效应。这里，我们进一步分析征收碳税并将碳税收入用于节能减排的电力投资补贴的组合效应，考虑两种政策工具的不同组合情景。我们假设如下三种政策情景

基准情景（BAU）：假设对使用煤炭产品和石油产品新增 10% 征税。这种情景主要用作比较分析的参照。

政策情景 1（SN1）：假设在对使用煤炭产品和石油产品新增 10% 征税的同时，将获得的部分税收收入作为电力投资补贴用于支持节能减排目标，并假设电力投资补贴变动率为 5%。

政策情景 2（SN2）：假设在对使用煤炭产品和石油产品新增 10% 征税的同时，将获得的部分税收收入作为电力投资补贴用于支持节能减排目标，并假设电力投资补贴变动率为 10%。

政策情景 3（SN3）：假设在对使用煤炭产品和石油产品新增 10% 征税的同时，将获得的税收收入部分作为电力投资补贴和清洁煤炭投资补贴以支持节能减排目标，并假设电力投资补贴变动率和节约煤炭投资补贴变动率都为 10%。

我们应用拓展的北京低碳发展动态 CGE 模型进行了情景模拟。尽管我们模拟了未来 10 年期间不同情景的影响，但这里只给出对产生的累积影响的模拟结果并进行分析。

关于不同组合情景对各产业产出变动率的影响，模拟结果见图 4.17、图 4.18 和图 4.19。

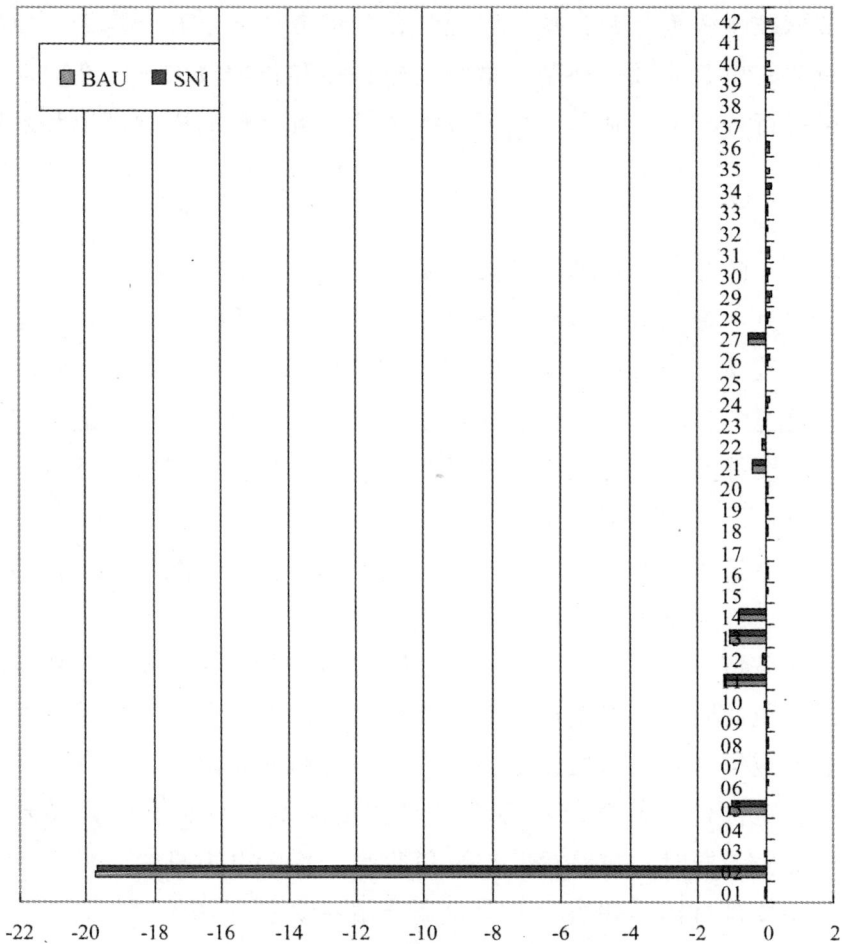

图 4.17   情景 BAU、情景 SN1 下各产业产出变动率（%）

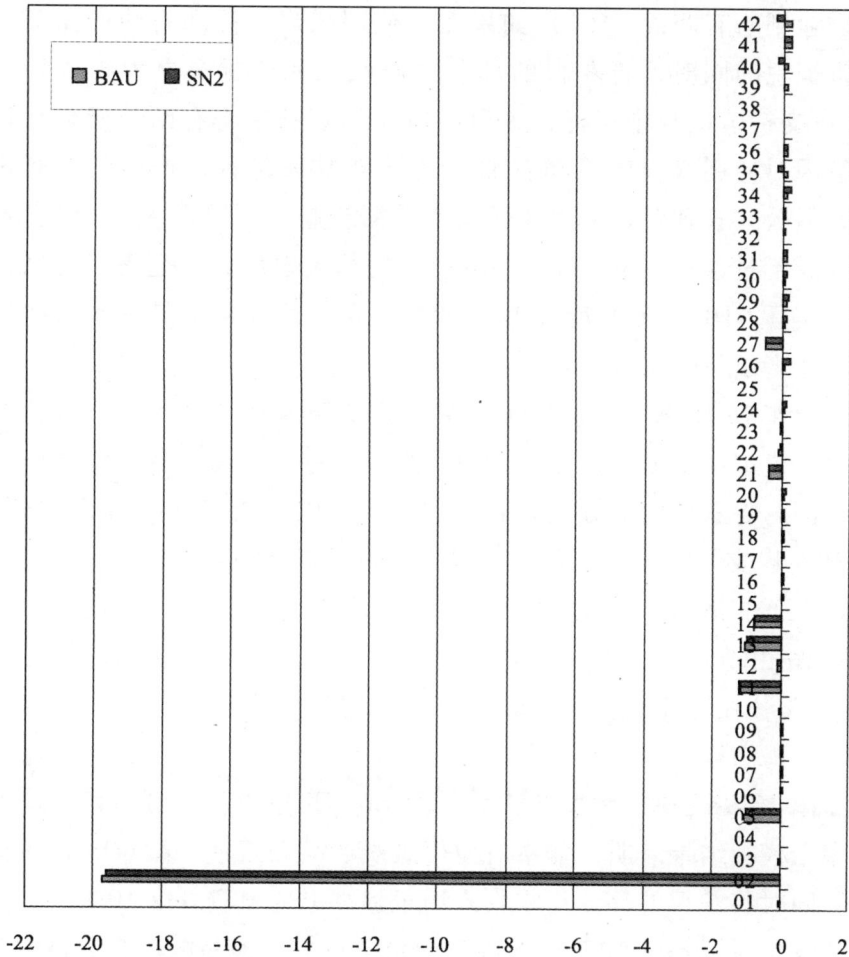

图 4.18　情景 BAU、情景 SN2 下各产业产出变动率（%）

　　图 4.17 反映了情景 BAU、情景 SN1 下各产业产出的百分比变动率。模拟结果表明：（1）对使用煤炭产品和石油产品新增 10% 征税，将使北京实际 GDP 下降 0.72%，其中煤炭开采和洗选业受损最大，产出下降 19.75%，石油炼焦及核燃料业、非金属矿物制品业、非金属矿及其他矿采选业、金属冶炼及压延加工业、交通运输及仓储业、化学工业、电力热力生产供应业、农林牧渔业都显著受损；科学研究业、信息软件业、租赁商务业、公共管理业、文体

娱乐业则略有获益。（2）如果在对使用煤炭产品和石油产品新增10%征税的同时，将获得的部分税收收入用于提高电力投资补贴5%以支持节能减排目标，则提高电力投资补贴将有助于使各行业缓解因对使用煤炭产品和石油产品新增10%征税而产生的不利影响，但公共管理业、卫生社保和社会福利业、科学研究业、教育业除外。不过，提高电力投资补贴5%的积极效应并不显著，可以使北京实际GDP下降幅度缓解0.02%，在行业层次上最好也只能使建筑业产出下降缓解0.07%。

图4.18反映了情景BAU、情景SN2下各产业产出的百分比变动率。模拟结果表明：如果对使用煤炭产品和石油产品新增10%征税，同时将获得的部分税收收入用于提高电力投资补贴由5%增加到10%以支持节能减排目标，提高电力投资补贴幅度仍然没有改变情景1下的格局，不过是使情景1下的影响略有改善。提高电力投资补贴由5%到10%，可以使北京实际GDP下降幅度缓解0.045%，在行业层次上最好也只能使建筑业产出下降缓解幅度由0.07%提高到0.144%。

图4.19反映了情景BAU、情景SN3下各产业产出的百分比变动率。模拟结果表明：如果对使用煤炭产品和石油产品新增10%征税，同时将获得的部分税收收入用于提高电力投资补贴10%、提高节约煤炭投资补贴10%以支持节能减排目标，提高电力投资补贴和节约煤炭投资补贴的这种组合也仍然没有改变情景1下的格局，只不过可以使情景1下的影响进一步改善。提高电力投资补贴10%和节约煤炭投资补贴10%的这种组合可以使北京实际GDP下降幅度缓解0.046%，在行业层次上最好也只能使建筑业产出下降缓解幅度由0.07%进一步提高到0.145%。

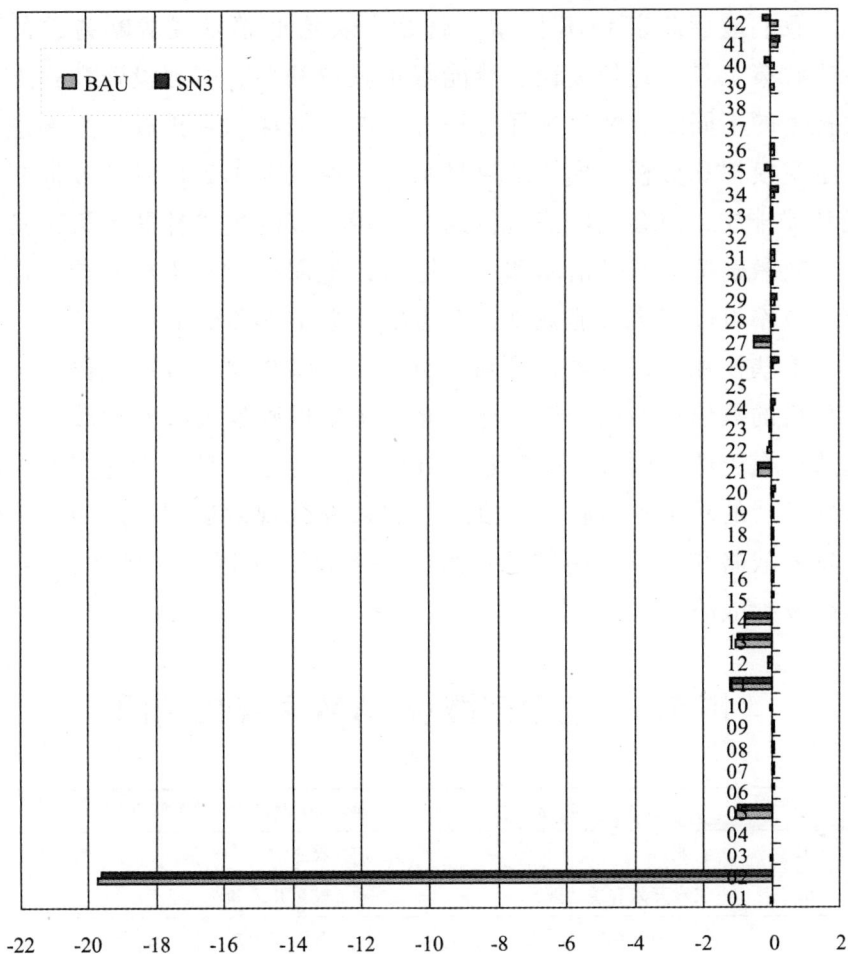

图 4.19 情景 BAU、情景 SN3 下各产业产出变动率（%）

二 基本结论和政策含义

北京低碳发展现状和我国低碳发展战略及国家行动计划对北京提出了其 2010—2020 年低碳发展战略目标，要求北京采取切实的政策、措施和手段实施低碳发展模式。国内外低碳发展的经验和政策选择表明，北京在 2010—2020 年期间实施低碳发展战略，需要根据可能的政策、措施和手段的环境有效性、成本有效性、行政和政治上的可行性等综合选择并进行优化组合。

　　我们应用北京 CGE 模型，就北京实施低碳发展战略备选的可量化政策工具，包括碳税、节能减排政策补贴、电力投资和提高能效技术的不同组合情景选择对经济发展、能耗和碳排放的影响进行了定量模拟和分析。模拟结果显示：碳税政策工具可以有效抑制能耗和碳排放，但会使经济增长速度放缓。节能减排补贴政策工具可以有效激励节能减排活动和经济增长，但需要财政资金支持。提高能源效率可以促进节能减排，但需要技术条件和成本。

　　这些模拟结果及隐含机制证明，如大多数关于减缓气候变化经济分析的数值模型的分析一样，北京实施低碳发展战略的政策和措施选择在于适用政策、措施和工具的综合运用。只有将适用的促进低碳发展的政策、措施和手段组合起来综合规划运用，才能改善低碳发展战略和政策实施的总体效果和效率，实现北京到 2020 年的低碳发展战略目标。

附录 1　北京市微观 SAM 表中的部门

序号	42 部门	53 部门
01	农业	农业
02	煤炭开采和洗选业	煤炭开采和洗选业
03	石油和天然气开采业	石油和天然气开采业
04	金属矿采选业	金属矿采选业
05	非金属矿采选业	非金属矿采选业
06	食品制造及烟草加工业	食品制造及烟草加工业
07	纺织业	纺织业
08	服装皮革羽绒及其制品业	服装皮革羽绒及其制品业
09	木材加工及家具制造业	木材加工及家具制造业
10	造纸印刷及文教用品制造业	造纸印刷及文教用品制造业
11	石油加工、炼焦及核燃料加工业	汽油
		柴油
		燃料油

续表

序号	42 部门	53 部门
11	石油加工、炼焦及核燃料加工业	液化石油气
		炼焦业
12	化学工业	化学工业
13	非金属矿物制品业	非金属矿物制品业
14	金属冶炼及压延加工业	金属冶炼及压延加工业
15	金属制品业	金属制品业
16	通用、专用设备制造业	通用、专用设备制造业
17	交通运输设备制造业	交通运输设备制造业
18	电气、机械及器材制造业	电气、机械及器材制造业
19	通信设备、计算机及其他电子设备制造业	通信设备、计算机及其他电子设备制造业
20	仪器仪表及文化办公用机械制造业	仪器仪表及文化办公用机械制造业
21	其他制造业	其他制造业
22	废品废料	废品废料
23	电力、热力的生产和供应业	电力、热力的生产和供应业
24	燃气生产和供应业	燃气生产和供应业
25	水的生产和供应业	水的生产和供应业
26	建筑业	建筑业
27	交通运输及仓储业	铁路运输业
		道路运输业
		城市公共交通业
		水上运输业
		航空运输业
		管道运输业
		装卸搬运和其他运输服务业
		仓储业
28	邮政业	邮政业
29	信息传输、计算机服务和软件业	信息传输、计算机服务和软件业
30	批发和零售贸易业	批发和零售贸易业
31	住宿和餐饮业	住宿和餐饮业
32	金融保险业	金融保险业

续表

序号	42 部门	53 部门
33	房地产业	房地产业
34	租赁和商务服务业	租赁和商务服务业
35	旅游业	旅游业
36	科学研究事业	科学研究事业
37	综合技术服务业	综合技术服务业
38	其他社会服务业	其他社会服务业
39	教育事业	教育事业
40	卫生、社会保障和社会福利业	卫生、社会保障和社会福利业
41	文化、体育和娱乐业	文化、体育和娱乐业
42	公共管理和社会组织	公共管理和社会组织

附录 2　CGE 模型数学表达式

下面表格列出了 CGE 模型的变量、参数和方程。

表 A1　　　　　　　　　**模型元素、参数和变量**

符号	解释	符号	解释
元素			
$a \in A$	活动	$c \in CT$（$\subset C$）	商品服务运输
$a \in ALEO$（$\subset C$）	在顶层嵌套中使用 Leontief 函数的活动	$c \in CX$（$\subset C$）	国内生产的商品
$c \in C$	商品	$f \in F$	要素
$c \in CD$（$\subset C$）	国内销售的商品	$i \in INS$	机构
$c \in CDN$（$\subset C$）	不在国内销售的商品	$i \in INSD$（$\subset INS$）	国内机构
$c \in CE$（$\subset C$）	出口商品	$i \in INSDNG$（$\subset INSD$）	国内非政府机构
$c \in CEN$（$\subset C$）	非出口商品	$h \in H$（$\subset INSDNG$）	居民
$c \in CM$（$\subset C$）	进口商品	$c \in CMN$（$\subset C$）	非进口商品

续表

符号	解释	符号	解释
参数			
$cwts_c$	CPI 商品 c 的权重	pwm_c	进口价格（外汇）
$dwts_c$	PPI 商品 c 的权重	$qdst_c$	存货变化数量
ica_{ca}	单位活动 a 的中间投入商品 c 的数量	$\overline{qg}_c$	基准年政府需求数量
$icd_{cc'}$	单位国内生产和销售 c' 的贸易投入商品 c 的数量	$\overline{qinv}_c$	基准年私人投资需求数量
$ice_{cc'}$	单位出口商品 c' 的贸易投入商品 c 的数量	$shif_{if}$	要素 f 收入国内机构 i 的份额
$icm_{cc'}$	单位进口商品 c' 的贸易投入商品 c 的数量	$shii_{ii'}$	国内机构 I' 到国内机构 i 的净收入份额（i' ∈ INSDNG'；i ∈ INSDNG）
$inta_a$	单位活动 a 总的中间投入数量	ta_a	活动税率
iva_a	单位活动 a 总的增加值投入数量	$\overline{tins}_{i'}$	国内机构 i 的外生直接税率
$\overline{mps}_i$	国内机构的基准储蓄率 i	$tins01_i$	0－1 参数，当机构的潜在的直接税率为变动时为 1
$mps01_i$	0—1 参数，当机构 i 的储蓄率为变动时取 1	tm_c	进口税率
pwe_c	出口价格（外汇）	tq_c	销售税率
a_a^a	CES 活动方程效率参数	$trnsfr_{if}$	从要素 f 转移到机构 i
a_a^{va}	CES 增加值方程的效率参数	δ_c^t	CET 方程的份额参数
a_c^{ac}	国内商品总函数的份额参数	δ_{fa}^{va}	CES 增加值方程活动 a 中要素 f 的份额参数

续表

符号	解释	符号	解释
参数			
a_c^q	Armington 函数转换参数	γ_{ch}^m	居民消费补贴
a_c^t	CET 函数转换参数	θ_{ac}	单位活动 a 的 c 产品产出
β^a	资本部门移动系数	ρ_a^a	CES 生产函数指数
β_{ch}^m	居民 h 对 c 商品的边际消费份额	ρ_a^{va}	CES 增加值方程指数
δ_a^a	CES 活动函数份额参数	ρ_c^{ac}	国内商品总函数指数
δ_{ac}^{ac}	国内商品总的函数的份额参数	ρ_c^q	Armington 方程指数
δ_c^q	Armington 函数份额参数	ρ_c^t	CET 方程指数
υ_f	资本折旧率	η_{fat}^a	部门投资比例
外生变量			
$\overline{CPI}$	消费价格指数	$\overline{MPSADJ}$	储蓄率换算系数（基期为 0）
$\overline{DTINS}$	国内机构税收份额变化（基期为 0，外生变量）	$\overline{QFS_f}$	要素供应数量
$\overline{FSAV}$	国外储蓄（FCU）	$\overline{TINSADJ}$	直接税调节系数（基期为 0，内生变量）
$\overline{GADJ}$	政府消费调节系数	$\overline{WFDIST_{fa}}$	活动 a 要素 f 的价格扭曲系数
$\overline{IADJ}$	投资调节系数	$QVAADJ_a$	活动 a 增加值调节系数
内生变量			
AWF_{ft}^a	时期 t 平均资本利润率	QF_{fa}	活动 a 对要素 a 的需求数量

续表

符号	解释	符号	解释
内生变量			
$DMPS$	国内机构储蓄率变动	QG_c	政府消费量
DPI	生产者价格指数	QH_{ch}	家庭消费量
EG	政府支出	QHA_{ach}	居民自我消费数量
EH_h	家庭消费支出	$QINTA_a$	中间投入品总量
EXR	汇率（每单位外汇兑换本币）	$QINT_{ca}$	活动 a 的商品 c 的中间投入数量
$GOVSHR$	政府名义消费份额	$QINV_c$	投资需求数量
$GSAV$	政府储蓄	QMR_{cr}，QM_c	进口商品 c 数量
$INVSHR$	名义投资份额	QQ_c	国内市场供应的商品数量
$MPS_{i'}$	非政府机构的边际储蓄倾向（外生变量）	QT_c	贸易投入品的需求量
PA_a	活动价格（单位总收入）	QVA_a	增加值总数量
PDD_c	国内生产和销售产品的需求价格	QX_c	总的国内商品产出数量
PDS_c	国内生产和销售产品的供给价格	$QXAC_{ac}$	活动 a 中的商品 c 产出数量
PER_{cr}	出口价格（本国货币）	RWF_f	要素的实际平均价格
$PINTA_a$	活动 a 总的中间投入品价格	$TABS$	总的名义吸收
PK_{ft}	T 时期单位资本价格	$TINS_i$	机构 i 直接税率（i∈INSDNG）
PMR_{cr}	进口价格（本国货币）	$TRII_{ii'}$	机构 i' 对机构 i 的转移支付（都为非政府机构）
PQ_c	混合商品价格	WF_f	要素的平均价格
PVA_a	增加值价格（单位活动要素收入）	YF_f	要素 f 收入

续表

符号	解释	符号	解释
内生变量			
PX_c	总的商品 c 的生产价格	YG	政府收入
$PXAC_{ac}$	活动 a 中商品 c 的生产者价格	$YI_{i'}$	国内非政府机构收入
QA_a	活动数量	YIF_{if}	机构 i 从要素 f 得到的收入
QD_c	国内产出用于国内销售的数量	$\Delta K^a_{fa\,t}$	时期 t 的投资数量
QE_c	出口数量	$qdst_c$	商品 c 实际存货变动

表 A2   **模型方程**

价格方程		
进口价格	$PMR_{cr} = pwmr_{cr} \cdot (1 + tmr_{cr}) \cdot EXR - \sum_{c' \in CT} PQ_c \cdot icmr_{c'cr}$	(1)
出口价格	$PER_{cr} = pwer_{cr} \cdot EXR - \sum_{c' \in CT} PQ_c \cdot icer_{c'cr}$	(2)
国内需求价格	$PDD_c = PDS_c + \sum_{c' \in CT} PQ_{c'} \cdot icd_{c'c}$	(3)
国内产品市场价值	$PX_c \cdot QX_c = PDS_c \cdot QD_c + PE_c \cdot QE_c$	(4)
国内总需求	$PQ_c \cdot (1 - tq_c) \cdot QQ_c = PDD_c \cdot QD_c + PM_c \cdot QM_c$	(5)
活动收入和成本	$PA_a \cdot (1 - ta_a) \cdot QA_a = PVA_a \cdot QVA_a + PINTA_a \cdot QINTA_a$	(6)
中间投入品价格	$PINTA_a = \sum_{c \in C} PQ_c \cdot ica_{ca}$	(7)
活动价格	$PA_a = \sum_{c \in C} PXAC_{ac} \cdot \theta_{ac}$	(8)
消费者价格指数	$\overline{CPI} = \sum_{c \in C} PQ_c \cdot cwts_c$	(9)

价格方程		
生产者价格指数	$DPI = \sum_{c \in C} PDS_c \cdot dwts_c$	(10)
生产方程		
CES 活动生产函数	$QA_a = \alpha_a^a \cdot (\delta_a^a \cdot QVA_a^{-\rho_a^a} + (1 - \delta_a^a) \cdot QINTA_a^{-\rho_a^a})^{-\frac{1}{\rho_a^a}}$	(11)
CES 增加值—中间投入比率	$\dfrac{QVA_a}{QINTA_a} = (\dfrac{PINTA_a}{PVA_a} \cdot \dfrac{\delta_a^a}{1 - \delta_a^a})^{\frac{1}{1+\rho_a^a}}$	(12)
Leontief 增加值总需求	$QVA_a = iva_a \cdot QA_a$	(13)
Leontief 中间投入总需求	$QINTA_a = inta_a \cdot QA_a$	(14)
增加值和要素需求	$QVA_a = \alpha_a^{va} \cdot (\sum_{f \in F} \delta_{fa}^{va} \cdot (\alpha_{fa}^{vaf} \cdot QF_{fa})^{-\rho_a^{va}})^{-\frac{1}{\rho_a^{va}}}$	(15)
增加值调节（部门固定增长）	$QVA_a = QVAADJ_a * QVA_0$	(16)
要素需求	$W_f \cdot \overline{WFDIST}_{fa} = PVA_a \cdot (1 - tva_a) \cdot QVA_a \cdot$ $(\sum_{f \in F} \delta_{fa}^{va} \cdot (\alpha_{fa}^{vaf} \cdot QF_{fa})^{-\rho_a^{va}})^{-1} \cdot \delta_{fa}^{va} \cdot (\alpha_{fa}^{vaf} \cdot QF_{fa})^{-\rho_a^{va}-1}$	(17)
分部门的中间投入需求	$QINT_{ca} = ica_{ca} \cdot QINTA_a$	(18)
商品生产和分配	$QXAC_{ac} = \theta_{ac} \cdot QA_a - \sum_{h \in H} QHA_{ach}$	(19)
总产出数函	$QX_c = \alpha_c^{ac} \cdot (\sum_{a \in A} \delta_{ac}^{ac} \cdot QXAC_{ac}^{-\rho_c^{ac}})^{-\frac{1}{\rho_c^{ac}-1}}$	(20)
总产出函数的一阶导数	$PXAC_{ac} = PX_c \cdot QX_c (\sum_{a \in A'} \delta_{ac}^{ac} \cdot QXAC_{ac}^{-\rho_c^{gc}})^{-1} \cdot \delta_{ac}^{ac} \cdot QXAC_{ac}^{-\rho_c^{gc}-1}$	(21)
贸易方程		
产出转换函数（CET）	$QX_c = \alpha_c^t \cdot (\delta_c^t \cdot QE_c^{\rho_c^t} + (1 - \delta_c^t) \cdot QD_c^{\rho_c^t})^{\frac{1}{\rho_c^t}}$	(22)

贸易方程		
出口—国内供给比率	$\dfrac{QE_c}{QD_c} = \left(\dfrac{PE_c}{PDS_c} \cdot \dfrac{1 - \delta_c^t}{\delta_c^t} \right)^{\frac{1}{\rho_c^t - 1}}$	(23)
产出转换（适合于没有出口或仅用于出口的商品）	$QX_c = QD_c + QE_c$	(24)
供给组成函数（Amington）	$QQ_c = \alpha_c^q \cdot (\delta_c^q \cdot QM_c^{-\rho q} + (1 - \delta_c^q) \cdot QD_c^{-\rho q})^{-\frac{1}{\rho_c^q}}$	(25)
进口—国内需求比率	$\dfrac{QM_c}{QD_c} = \left(\dfrac{PDD_c}{PM_c} \cdot \dfrac{\delta_c^q}{1 - \delta_c^q} \right)^{\frac{1}{1 + \rho q}}$	(26)
供给组成（适合非进口或只进口的商品）	$QQ_c = QD_c + QM_c$	(27)
机构收入和国内需求方程		
机构要素收入	$YF_f = \sum\limits_{a \in A} WF_f \cdot \overline{WFDIST}_{fa} \cdot QF_{fa}$	(28)
国内收入（非政府机构收入）	$YIF_{if} = shif_{if} \cdot [YF_f - trnsfr_{row\,f} \cdot EXR]$	(29)
国政府内收入，非机构收入	$YI_i = \sum\limits_{f \in F} YIF_{if} + \sum\limits_{i' \in INSDNG'} TRII_{ii'} + trnsfr_{igov} \cdot \overline{CPI} + trnsfr_{irow} \cdot EXR$	(30)
机构间转移	$TRII_{ii'} = shii_{ii'} \cdot (1 - MPS_{i'}) \cdot (1 - \overline{tins_{i'}}) \cdot YI_{i'}$	(31)
居民消费支出	$EH_h = \left(1 - \sum\limits_{i \in INSDNG} shii_{ih} \right) \cdot (1 - MPS_h) \cdot (1 - \overline{tins}_h) \cdot YI_h$	(32)
居民的消费支出，市场商品	$PQ_c \cdot QH_{ch} = PQ_c \cdot \gamma_{ch}^m + \beta_{ch}^m \cdot \left(EH_h - \sum\limits_{c' \in C} PQ_{c'} \cdot \gamma_{c'h}^m \right)$	(33)
投资需求	$QINV_c = IADJ \cdot \overline{qinv}_c$	(34)
政府消费需求	$QG_c = \overline{GADJ} \cdot \overline{qg}_c$	(35)
政府支出	$EG = \sum\limits_{c \in C} PQ_c \cdot QG_c + \sum\limits_{i \in INSDNG} trnsfr_{igov} \cdot \overline{CPI}$	(36)

续表

机构收入和国内需求方程

政府收入	$YG = \sum_{i \in INSDNG} \overline{tins}_i \cdot YI_i + \sum_{a \in A} ta_a \cdot PA_a \cdot QA_a + \sum_{c \in CMNR} tm_c \cdot pwm_c \cdot$ $QM_c \cdot EXR + \sum_{r \in R} \sum_{c \in CMR} tmr_{cr} \cdot pwmr_{cr} \cdot QMR_{cr} \cdot EXR + \sum_{c \in C} tq_c \cdot PQ_c \cdot QQ_c$ $+ \sum_{f \in F} YF_{govf} + \overline{trnsfr_{govrow}} \cdot EXR$	(37)

系统约束和宏观闭合

商品市场组成	$QQ_c = \sum_{a \in A} QINT_{ca} + \sum_{h \in H} QH_{ch} + QG_c + QINV_c + qdst_c + QT_c$	(38)
要素市场	$\sum_{a \in A} QF_{fa} = QFS_f$	(39)
政府平衡	$YG = EG + GSAV$	(40)
世界其他的当前账户平衡，外币	$\sum_{c \in CMNR} pwm_c \cdot QM_c + \sum_{f \in F} trnsfr_{rowf} = \sum_{c \in CENR} pwe_c \cdot QE_c + \sum_{i \in INSD} trnsfr_{irow}$ $+ \overline{FSAV}$	(41)
储蓄投资平衡	$\sum_{i \in INSDNG} MPS_i \cdot (1 - \overline{tins}_i) \cdot YI_i + GSAV + EXR \cdot FSAV =$ $\sum_{c \in C} PQ_c \cdot QINV_c + \sum_{c \in C} PQ_c \cdot qdst_c$	(42)
机构储蓄率	$MPS_i = \overline{mps}_i \cdot (1 + \overline{MPSADJ} \cdot mps01_i) + DMPS \cdot mps01_i$	(43)

资本积累和分配方程

平均资本利率	$AWF_{ft}^a = \sum_a \left[\left(\dfrac{QF_{fat}}{\sum_{a'} QF_{fa't}} \right) \cdot WF_{ft} \cdot WFDIST_{fat} \right]$	(44)
新资本投资	$\eta_{fat}^a = \left(\dfrac{QF_{fat}}{\sum_{a'} QF_{fa't}} \right) \cdot \left(\beta^a \cdot \left(\dfrac{WF_{f,t} \cdot WFDIST_{fat}}{AWF_{ft}^a} - 1 \right) + 1 \right)$	(45)
部门新资本	$\Delta K_{fat}^a = \eta_{fat}^a \cdot \left(\dfrac{\sum_c PQ_{ct} \cdot QINV_{ct}}{PK_{ft}} \right)$	(46)
资本单位价格	$PK_{ft} = \sum_c PQ_{ct} \cdot \dfrac{QINV_{ct}}{\sum_{c'} QINV_{c't}}$	(47)
平均资本利率	$QF_{fat+1} = QF_{fat} \cdot \left(1 + \dfrac{\Delta K_{fat}^a}{QF_{fat}} - v_f \right)$	(48)
新资本总量	$QFS_{ft+1} = QFS_{ft} \cdot \left(1 + \dfrac{\sum_a \Delta K_{fat}}{QFS_{ft}} - v_f \right)$	(49)

第 五 章

2010—2020 年北京市低碳发展的战略规划及措施建议

第一节 2010—2020 年北京市低碳发展的战略目标

2010—2020 年北京市低碳发展的战略目标，既取决于北京市低碳发展现状、制约因素和有利条件，又取决于国家行动计划和北京市低碳发展模式和政策选择。2005—2009 年间，北京通过实施低碳发展战略，使北京万元地区生产总值能耗和二氧化碳排放量在国内省/直辖市层次上处于有利地位，万元 GDP 能耗由 2005 年的 0.8 吨标准煤下降为 2009 年的 0.61 吨标准煤，2009 年相对于 2005 年万元 GDP 能耗累计下降 24.43%，减排幅度在国内省/直辖市层次上处于领先水平。

我们知道，单位地区生产总值能耗和二氧化碳排放量的变动，取决于化石燃料的排放系数、能源消费结构、能源强度、人均地区生产总值和人口的变动。根据我们对 1990—2005 年期间北京万元地区生产总值二氧化碳排放量及其变动的影响因素的定量分解和分析，结合考虑北京产业结构、政治优势和科技优势，参考 2009 年中国政府确定的 2020 年国家减排目标和世界主要都市地区的减排目标，我们通过模拟建议：按 2005 年不变价计算，"十二五"、"十三五"期间 GDP 年均增长率参考目标分别为 9.66%、9.18%；相应地，"十二五"、"十三五"期间人均 GDP 年均增长率参考目标分别为 7.96%、7.60%；相应地，2015、2020 年北京万元 GDP 能耗的参考目标分别为 0.516 吨标准煤、0.426 吨标准煤，与 2005 年比较分别累计下降 35.5%、46.75%。

要实现这样的参考目标，"十二五"期间，北京万元 GDP 能耗需要降低 11.0%；"十三五"期间，北京万元 GDP 能耗需要降低 17.4%。如果实现这样的参考目标，到 2020 年，北京万元 GDP 二氧化碳减排幅度与 2005 年比较略高于国家减排目标上线（45%）1.75 个百分点，北京单位 GDP 二氧化碳减排幅度在国内的省/直辖市层次上仍处于领先水平，具有示范意义，而且与国际上其他大都市相比也进入中等偏上水平。如果实现这样的参考目标，到 2020 年，北京市应该基本变为"生产清洁化、消费友好化，环境优美化、资源高效化"的绿色低碳现代化国际都市。

表 5.1　　　　　中国和世界一些主要城市未来的减排目标

国家和世界主要城市	减排目标	行动方案
中国	到 2020 年使单位国内生产总值 CO_2 排放比 2005 年下降 40%—45%。	2007 年，《中国应对气候变化国家方案》
伦敦	到 2025 年使 CO_2 排放比 1990 年再降低 60%。	2007 年，《伦敦应对气候变化行动计划》
纽约	到 2030 年使 CO_2 排放比 2005 年下降 30%。	2007 年，《一个更加绿化的、大纽约的行动》
东京	到 2020 年使 CO_2 排放比 2000 年降低 25%。	2007 年，《东京应对气候变化战略》
巴黎	到 2020 年使 CO_2 排放比 2004 年降低 30%。	2007 年，《巴黎气候保护计划》

来源：伦敦、纽约和东京，见 OECD（2010），《城市和气候变化》；巴黎，见 planclimat. paris. fr。

第二节　北京市低碳发展路径和模式

根据北京市低碳发展现状和环境，我们建议北京市低碳发展的路径分两阶段考虑。在 2010—2015 年阶段，仍着力低碳发展的启动和培育。在这一阶段，继续以政府为主导，建立和完善相关政策法律、启动低碳项目、培育低碳技术研发及服务市场、培育碳交易市场，同时宣传和培育低碳消费理念，进一步淘汰和改造高耗能产业。在 2016—2020 年阶段，着力培育低碳发展的自我持续能力。在这一阶段，逐步以企业和居民为主导，通过低碳技术、金融交易、消费市场以及法律约束和政策引导，使企业自主地改变生产方式、居民自主地改变消费方式，使得低碳发展成为全社会的自主发展理念和行动。

从国内外经验来看，提高新能源比重、推进生产结构优化升级需要技术创新和制度创新，而节能减排相对而言是低碳发展比较有效的途径。考虑到北京市产业结构进一步调整的空间相对有限，可再生能源资源缺乏，考虑到北京市未来十年的经济发展和居民生活水平的提高，我们认为：北京市低碳发展仍然适宜采用以提高能源效率为主、其他手段为补充的节能减排发展模式。我们通过关于人均二氧化碳排放、万元 GDP 的二氧化碳排放的历史因素分解进行的技术经济分析表明：提高能源效率的节能减排模式可以在短期内更有效地促进低碳发展。我们应用 CGE 模型进行的反现实性政策模拟表明：提高能源效率可以既促进节能产业的发展、带动经济增长，又减少经济发展过程中的能耗和二氧化碳排放，因此是更加成本有效的发展模式。

节能减排为主、其他手段为补充的低碳发展模式意味着：通过培育以节能及相关服务产业为主的低碳产业，提高节能产品和服务的供给效率和品种；通过低碳交通和低碳消费产业的发展，增加对节能产品和服务的需求，减少能源消费。在重点发展低碳产业、低碳交通和低碳消费的基础上，通过加快发展可再生能源（以太阳能、风能、生物能为主）、提升生态涵养功能区建设质量、调整和优化产业结构，可以进一步减少碳排放和增加碳吸收。政府在这一低碳发展模式中，可以通过出台相关产业政策规划、征收碳税、发展碳金融市场、提高节能标准等引导和培育低碳发展。

第三节 北京市低碳发展战略实施的指导原则

北京市低碳发展战略要以贯彻落实科学发展观，建设"人文北京、科技北京、绿色北京"为统领，以《中国应对气候变化国家行动方案》为指针，结合北京国际大都市的特点，将应对气候变化与推进节能减排、促进城市可持续发展结合起来，以平衡控制温室气体排放、增强可持续发展能力为目标，把发展低碳产业、研发新能源、激励低碳行为和深化低碳管理作为一个有机整体，着力推进低碳发展战略的有效实施。

北京实施低碳发展战略，要根据国家发展低碳经济的行动方案，结合北京低碳发展实际情况和城市规划，坚持如下几个原则：

一是在可持续发展框架内坚持平衡低碳和发展的原则。既要遵守我国在应对气候变化问题中坚持的承担"共同但有区别的责任"等基本立场，积极结合北京特点在生产和消费方面控制温室气体排放，又要坚持发展权利，低碳发展作为一种模式其本质首先就是要发展。

二是在成本有效性框架内坚持市场机制和政府干预，推进低碳发展的原则。低碳发展需要以技术水平、自然资源禀赋、人力资源和资金支持为前提，因此，低碳目标的制定和低碳项目的实施绝不能不顾经济技术条件。OECD（2009）在研究 2012 年之后减缓气候变化的政策和选择时强调了低碳发展的成本有效性原则。我们应用 CGE 模型进行的反现实政策模拟也表明：不同的政策在推进低碳和发展方面并非总是完全积极的，坚持成本有效性原则就要注意综合运用政策，发挥政策组合的协同效应，努力将低碳发展的外部性问题内部化。

三是坚持将北京低碳发展与北京城市规划中的区位功能和环北京地区低碳发展相结合原则。实施北京低碳发展战略，必须有利于北京城市区位功能发挥，必须与环北京地区的低碳发展协同促进。

四是坚持政府引导、企业主体、公众参与原则。既发挥政府的全局观和统筹规划、政策激励和约束功能，又发挥企业的技术创新和市场主体作用，还要激励公众参与，促进全社会生产、生活和消费方式改善。

五是坚持重点推进、机制体制创新原则。传统产业向低碳产业转变涉及到各个行业，发展低碳产业要抓住重点，加速重点产业的发展能够实现以点带面，尤其是在政策规划、人才培养、节能产业、建筑、交通系统等方面应重点开展创新激励。发展低碳经济要充分借鉴国内外先进经验，坚持有所为有所不为，着力解决好关键项目，避免盲目建设，保证北京低碳经济稳步健康发展。

第四节　北京市低碳发展战略思路

北京市在低碳发展过程中既面临人口增长过快、能源消费结构相对单一、企业和居民生产和消费习惯不合理、交通拥堵和建筑节能成效不佳等自然、经济、社会和文化等方面的不利因素，又面临着低碳发展的相关政策制度不完善、执行监督相对较弱和缺乏协调、机制创新不够等政策法律方面的因素。同时，我们也应该看到，北京市在低碳发展方面存在诸如第三产业比重相对较高、科技人才相对丰富、低碳发展已经积累一定经验等方面的优势。根据前面提到的北京市低碳发展的总体思路和北京市低碳发展中存在问题，同时借鉴国内外相关经验，提出以下七方面的低碳发展战略思路。

一　在战略层次建立和完善低碳发展的组织和制度保障

实施低碳发展战略，需要相应的组织和制度保障。这涉及成立领导小组，协调多部门或多地区参与的组织机制；涉及到低碳发展规划及统筹实施的制度保障。同时，发挥政府在低碳发展方面的表率作用，例如，政府部门建筑物单位能耗应该在全市处于最低水平行列；在政府采购中优先购买环境友好型产品（包括高能效、低排放的汽车）；鼓励政府雇员乘坐公共交通工具；优先批准低碳项目投资；减少现场会议，尽量增加采用电话或者视频会议；定期对政府建筑物进行能源审计等。

二　完善北京低碳发展中长期规划和相关财税金融政策支持

北京市为了积极应对全球气候变化，全面践行绿色发展理念，在 2010 年 5 月发布了《"绿色北京"行动计划（2010—2012 年）》，提出通过构建生产、消费与环境三大体系，实施九大绿色工程，完善十项保障机制，为建设绿色现代化世界城市奠定坚实基础。"绿色北京"行动计划（2010—2012 年）提出了北京市低碳发展战略实施的项目措施。这些项目措施的执行将会对北京市低碳发展起到明显的推动作用。但是，低碳发展是一项长期性和综合性工程，除了要具有明确的阶段性战略目标之外，也需要结合项目实施进行低碳发展的系统性战略规划，通过强有力的财税金融政策支持，保障低碳发展规划的实施。

关于低碳发展规划：一是注意项目和政策措施的系统性和前瞻性。二是分阶段明确各阶段分行业的低碳减排指标，将其加入各行业的低碳发展规划。三是低碳发展的项目实施和政策支持必须体现区域功能特点。规划要针对每个区域特点，制定区域低碳发展中远期规划。

关于低碳发展的财税金融政策支持：一要积极创造条件开征碳税。碳税对于企业生产和居民生活的转型具有良好的逆向约束作用，同时也是低碳项目正向激励的来源之一。北京市应该提早进行开征碳税方案的研究，积极向中央申请在北京首先实施"碳税"试点。二要引入清洁能源现金返还机制，对于建筑、生活、生产中进行了节能改造，使用了清洁能源的企业、公共机构或家庭，按照清洁能源的使用量定期进行一定比例的资金补偿。三要与银行等金融机构合作创新"绿色信贷"服务机制。鼓励金融机构将碳排放权减排额作为抵押物，来为环保企业进行融资，鼓励银行开办专项贷款支持节能减排技术改造和设备升级换代；鼓励银行开办排放权交易购买方专项贷款。在绿色信贷的操作上，鼓励银行采用"伯尔第斯原则"和"赤道原则"等国际银行业通行的操作指南，在北京开展绿色信贷实践。四要积极推动绿色直接融资的平台建设，鼓励社会资金建立北京市绿色产业发展投资基金，同时加强环境交易所、林权交易所为基础的金融服务要素市场建设，创造条件推动碳配额交易或排污权交易市场发展。

三　创新低碳发展的政策执行机制

传统的政策执行机制将会在推进北京低碳发展的进程中遇到很大的挑战。因此，需要北京在低碳发展战略的实施过程中，根据技术经济条件，完善和创新政策机制，如法规引导机制、标准准入机制、价格调控机制、科技支撑机制、市场服务机制、评价考核机制、协调协作机制、社会参与机制等。此外，借鉴国外经验，北京市还可以考虑加强：企业自愿减排机制；低碳发展评估机制、生态受益区向生态服务区合理付费的生态补偿长效机制；以低碳建筑、低碳家庭、低碳生产和低碳社区为典型的示范推广机制；民间组织监督的机制。

四　通过产业政策措施大力促进低碳产业发展和工业、建筑、交通等重点领域节能工作

低碳发展战略的实施需要低碳相关产业发展，低碳产业的发展

和繁荣一方面会促进低碳发展战略目标的实现，另一方面也会弥补因低碳发展对高碳产业发展的约束而带来的经济增长水平的下降和就业的减少。因此，要优先促进服务主导型、创新驱动型低碳产业，比如移动通信、计算机及网络、光电显示、生物产业、金融后台服务、文化创意产业等的快速发展。特别地，发展碳金融市场，培育碳金融产业；适度推进新能源产业发展。

要进一步优化北京市政规划和城市建设，着力推进"公交城市"建设理念，通过进一步完善道路规划和社区功能，来引导居民减少出行或"绿色"出行；通过进一步改善路网结构，加快智能交通管理系统建设，减少运输工具空驶率；通过加强有利于环保汽车行使的基础设施建设，推动混合燃料汽车、电动汽车等新能源汽车的使用，减轻交通运输对环境的压力。

要进一步加强建筑节能改造及相关政策支持。一要对现有建筑物制定计划全面推行能耗审计，并制定科学系统的建筑物能耗评估系统，对建筑物进行能耗分级，并以之作为进行建筑物节能技术改造安排的主要依据。二要创新建筑物的节能改造资金支持或者奖励机制。如针对建筑物节能改造的资金缺口，除采取合同能源管理机制之外，还可以仿照美国经验通过贷款机制解决。三要进一步强化典型示范工程的建设，引导建筑物节能改造推广。

五 通过能源政策推进可再生能源和低碳能源的利用

北京市可再生能源发展重点要放在太阳能、地热能和生物能领域。同时，应该通过积极的技术改造和基础设施建设引导能源供应和使用结构的低碳化。因此，能源发展政策一要鼓励提高天然气使用比例，优化天然气的利用；二要鼓励浅层地热资源的开发利用，新建社区和公益性建筑、宾馆要考虑水源热泵技术。

六　通过低碳消费政策引导居民进行低碳消费

低碳城市要求城市居民形成一种低碳生活理念，保持一种低碳生活方式。北京市可以通过在全国首先出台低碳消费政策、加强相关知识的宣传和引导，创建居民和单位的低碳消费体系，推动碳排放减少。推动低碳消费，可以从以下三个方面努力。一是积极倡导和宣传低碳消费理念，引导居民低碳生活和消费意识，发挥政府和公共机构在低碳消费方面的示范作用。二要研究建立和实施科学的碳标签制度。碳标签制度作为一种行政性的手段，通过科学核算产品在生产、运输、消费环节所产生的碳排放量，规定一定的标准，使符合标准的厂商可以对其产品进行低碳标记，供消费者选择。既鼓励消费者的低碳选择，又通过产业链和市场迅速反应到生产环节，刺激企业争取碳标签，降低产品的碳排放量。三要加强低碳社区和低碳家庭在居民生活中的示范建设，发挥其在低碳消费中导向作用。社区组织可以根据内部不同的消费群体，宣传不同程度的低碳消费方式，同时，在社区规划和城市规划中通过组织化的社区力量影响政府政策，将社区居民的要求与社区规划紧密联系，促进低碳社区的形成。北京市可以加快推进低碳社区示范区在各个街道和乡村的建立，为社区低碳项目提供相关技术信息，要求各区县政府部门探寻适合当地情况的社区低碳转型路径。

七　通过低碳技术政策，支持低碳技术的研发、管理和服务类人才的培养

任何发展战略的成功实施都离不开人力资源的有力支持。低碳发展理念的提出和具体实践在我国起步晚，相关的人力资源相当缺乏。因此，北京市应采取措施加强低碳人才队伍的培养和建设。一要政府每年拨出一定量的资金支持低碳人才培训计划。二要积极鼓励国内有关科研院所合作，成立各种低碳技术研发机构，为低碳发展培养高级技术人才，并在高校的相关专业增加低碳技术和管理的

课程，为低碳发展提供人才储备。三要积极推动低碳人才对外交流活动，每年可以邀请国外专家和低碳技术人才到北京举行各种类型的学术讲座和培训，同时定期派遣工作人员到国外有关高校、科研机构或者政府部门进行低碳知识、技术和管理的学习和交流。

参考文献

北京市统计局:《北京统计年鉴2006》,中国统计出版社2006年版。

北京市统计局:《北京统计年鉴2010》,中国统计出版社2010年版。

北京市政府:《北京城市总体规划(2004—2020)》,2005年。

财政部:《中国财政年鉴2006》,中国财政出版社2006年版。

高振宇、王益:《我国生产用能源消费变动的分解分析》,《统计研究》2007年第3期。

刘传江、冯碧梅:《低碳经济对武汉城市圈建设"两型社会"的启示》,《中国人口·资源与环境》2009年第19卷第5期。

刘春兰、陈操操、陈群、朱世龙、王海华、李铮:《1997年至2007年北京市二氧化碳排放变化机理研究》,《资源科学》2010年第2期。

王灿:《基于动态CGE模型的中国气候政策模拟与分析》,博士学位论文,2003年。

邢继俊、赵刚:《中国要大力发展低碳经济》,《中国科技论坛》2007年第10期。

郑玉歆、樊明太等:《中国CGE模型及政策分析》,社会科学文献出版社1999年版。

政府间气候变化专门委员会:《第4次气候变化评估报告》,2007年。

庄贵阳:《中国经济低碳发展的途径与潜力分析》,《国际技术经济研究》2005 年 7 月。

国家统计局工交司、国家能源局:《中国能源统计年鉴 2006》,中国统计出版社 2006 年版。

Aaheim, H. A., H. Amundsen, T. Dokken, T. Ericson and T. Wei (2009a). A macroeconomic assessment of impacts and adaptation to climate change in Europe. CICERO Report 2009: 06, Oslo, Norway.

Aaheim, A., T. Dokken, S. Hochrainer, A. Hof, E. Jochem, R. Mechler and D. P. Vuuren (2009b). National responsibilities for adaptation strategies: lessons from four modelling frameworks. Chapter 4 in M. Hulme and H. Neufeldt, Making Climate Change Work for Us: European Perspectives on Adapation and Mitigation Strategies, Cambridge University Press.

Aaheim, H. A. and N. Rive (2005). *A Model for Global Responses to Anthropogenic Changes in the Environment (GRACE)*. CICERO Report 2005: 05. Oslo, Norway.

Ang, B W, and F Q. Zhang (1999). Inter-regional comparisons of energy-related CO_2 emissions using the decomposition technique. Energy, 1999, 24: 297 – 305.

Bernstein, P. M., W. D. Montgomery, and T. F. Rutherford (1999). Global Impacts of the Kyoto Agreement: Results from the MS-MRT Model. Paper presented at the IPCC Working Group III Expert Meeting, May 27 – 28, The Hague, The Netherlands.

Burtraw, D., and M. Toman (1998). The benefits of reduce air pollutants in the U. S. from greenhouse mitigation policies, RFF report.

Dianshu, F., B. K. Sovacool and K. M. Vu (2010). The barriers to energy efficiency in China: Assessing household electricity savings and consumer behavior in Liaoning Province. Energy Policy 38 (2): 1202 – 1209.

Dimitropoulos, J. (2007). Energy productivity improvements and the rebound effect: An overview of the state of knowledge. Energy Policy35 (12): 6354 - 6363.

Eskeland, G. A. , E. Jochem, H. Neufeldt, T. Traber, N. Rive and A. Behrens (2008). The Future of European Electricity: Choices Before 2020. CEPS Policy Brief No. 164: Available at SSRN: http: //ssrn. com/abstract = 1333622.

Fan, M. T. and Y. X. Zheng (2001). China's tariff reductions and WTO accession: A computable General Equilibrium analysis. Models of the Chinese Economy. P. Lloyd and X. -G. Zhang. UK, Edward Elgar Publishing Inc.

Farmer, K. , and K. Steininger (1998). Reducing CO_2 emissions under fiscal retrenchment: a multi-cohort CGE model for Austria. Environmental and resource economics, 12: 255 - 288.

Gan, L. (1998). Energy development and environmental constraints in China. Energy Policy 26 (2): 119 - 128.

Garbaccio, R. F. , M. S. Ho and D. W. Jorgenson (1999). Controlling carbon emissions in China. Environment and Development Economics 4 (4): 493 - 518.

Glomsrød, S. and T. Wei (2005). Coal cleaning: a viable strategy for reduced carbon emissions and improved environment in China? Energy Policy 33 (4): 525 - 542.

Glomsrød, S. and T. Wei. (2010). China and the Copenhagen Accord - the effects of energy efficiency improvement in global interaction? SSRN eLibrary, under revision for Climate Policy, from http: //ssrn. com/paper = 1581248.

Gottinger, H. (1998). Greenhouse gas economics and computable general equilibrium. Journal of policy modeling, 20 (5): 537 - 580.

Goulder, L. (1998). Effects of carbon taxes in an economy with prior tax distortions: an inter-temporal general equilibrium analysis. Journal of environmental economics and management, 29: 271 – 297.

Greening, L., D. L. Greene and C. Difiglio (2000). Energy Efficiency and Consumption - The Rebound Effect-A Survey. Energy Policy 28: 389 – 401.

Huang, J P. (1993). Industry energy use and structural change: A case study of The People's Republic of China. Energy Economics, 1993, 15: 131 – 136.

IPCC (2001). Climate change mitigation. Cambridge university press, UK.

Lee, H. L. (2007). An emissions data base for integrated assessment of climat change policy using GTAP: GTAP Resource #1143, Latest update (08/06/2007).

Li, A. J. (2008). General Equilibrium Analysis of Mid-long Term Energy Intensity Changing Trend in China. Marrickville, Aussino Academy Publishing House.

Li, Z. (2010). Quantitative analysis of sustainable energy strategies in China. Energy Policy 38 (5): 2149 – 2160.

Liang, Q. M., Y. Fan and Y. M. Wei (2007). Carbon taxation policy in China: How to protect energy and trade-intensive sectors? Journal of Policy Modeling 29 (2): 311 – 333.

Liang, Q. M., Y. Fan and Y. M. Wei (2009). The effect of energy end-use efficiency improvement on China's energy use and CO_2 emission: a CGE model-based analysis. Energy Efficiency 2 (3): 243 – 262.

Ma, C B., and D I. Stern (2008). China's changing energy intensity trend: A decomposition analysis. Energy Economics, 2008, 30: 1037 – 1053.

Manne, A. Mendelsohn R, Richels R. (1995). MERGE: a model for evaluating regional and global effects of GHG reduction policies. Energy Policy, 23: 17 - 34.

OECD (2009) . The economics of Climate change mitigation: Policies and Options for Global Action.

Peters, G. P. , C. L. Weber, D. Guan and K. Hubacek (2007) . China's Growing CO_2 Emissions: A Race between Increasing Consumption and Efficiency Gains. Environmental Science & Technology 41 (17): 5939 - 5944.

Pohjola, J. (1995) . Integrating forests as carbon sinks: a CGE framework, the sixth international CG modeling conference, University of Waterloo. Ontario Canada.

Point Carbon (2009) . from http: //www. pointcarbon. com/.

Reilly J, R Prinn, Harnisch J, et al. (1999) . Multi-Assessment of the kyoto protocol. Nature, 401: 549 - 555.

Reinert K. A. , D. W. Roland - Holst (1997) . Social Accounting Matrices, in K. A. Reinert and J. F. Francois (eds), Applied Methods for Trade Policy Analysis: A Handbook . Cambridge: Cambridge University Press.

Rive, N. , H. A. Aaheim and K. Hauge (2005) . Adaptation and world market effects of climate change on forestry and forestry products. Presented at annual GTAP Conference 2005.

Rive, N. and T. K. Mideksa (2009) . *Disaggregating the Electricity Sector in the GRACE Model.* CICERO Report 2009: 02: 18. Oslo, Norway.

Robinson, S. (1990) . Pollution, Market Failure, and Optimal Policy in an Economy-wide Framework. Working Paper no. 559, Department of Agricultural and Resource Economics. Berkeley: University of California.

Robinson, S. , Andrea Cattaneo, Moataz El-Said (2001) . Updating and Estimating a Social Accounting Matrix Using Cross Entropy Methods, Economic Systems Research, Taylor and Francis Journals, vol. 13 (1), pp. 47 – 64, March.

Rypdal, K., N. Rive, S. Åström, N. Karvosenoja, K. Aunan, J. L. Bak, K. Kupiainen and J. Kukkonen (2007). Nordic air quality co-benefits from European post-2012 climate policies. Energy Policy 35 (12): 6309 – 6322.

Saunders, H. D. (2008). Fuel conserving (and using) production functions. Energy Economics30 (5): 2184 – 2235.

Sinton, J E, and M D. Levine, 1994. Changing energy intensity in Chinese industry. Energy Policy, 1994, 17: 239 – 255.

Thurlow, J. (2008). A Recursive Dynamic CGE Model and Microsimulation Poverty Module for South Africa, International Food Policy Research Institute, Washington, D. C.

Wang, C, J N, Chen, and J. Zhou (2005). Decomposition of energy-related CO_2 emission in China: 1957 – 2000. Energy, 2005, 30: 73 – 83.

Wang, K. , C. Wang and J. N. Chen (2009). Analysis of the economic impact of different Chinese climate policy options based on a CGE model incorporating endogenous technological change. Energy Policy 37 (8): 2930 – 2940.

Wei, T. (2010). A general equilibrium view of global rebound effects. Energy Economics32: 661 – 672.

Wei, T. and H. A. Aaheim (2010). Impacts of climate change to the global economy in the ENSEMBLES + 2℃ scenario E1. CICERO Report 2010: 01, Oslo, Norway.

Wei, T. and S. Glomsrød (2002). The impact of carbon tax on the Chinese economy and reductions of greenhouse gases. World Economics and International Politics (8).

Wendner R. （2001）. An applied dynamic general equilibrium model of environmental tax reforms and pension policy. Journal of policy modeling, 23: 25 – 50.

Yang, Z. （1999）. A coupling algorithm for computing large scale dynamic computable general equilibrium models. Economic Modeling, 16: 455 – 73.

Zhang, Z. X. （1998）. The Economics of Energy Policy in China. UK, Edward Elgar.

Zhang, Z. X. （1998）. Macroeconomic Effects of CO_2 Emissions Limits: A computable General Equilibrium Analysis for China, Journal of Policy Modeling, Volume 20, Issue 2, April 1998, pp. 213 – 250.

Zhang, Z. X. （2003）. Why did the energy intensity fall in Chinese industrial sector in the 1990s? The relative importance of structural change and intensity change. Energy Economics, 2003, 25: 62, 638.

Zhang, Z. X. （2008）. Asian energy and environmental policy: Promoting growth while preserving the environment. Energy Policy 36 （10）: 3905 – 3924.

Zhang, Z. X. and Folmer, H. （1998）. Economic Modelling Approaches to Cost Estimates for the Control of Carbon Dioxide Emissions. Energy Economics, Vol. 20, No. 1, pp. 101 – 120.

Zheng, Y. X. and M. T. Fan, Eds. （1999）. The China CGE Model and Policy Analysis, Social Science Literature Press.

Zhu, Q. , X. Peng, Z. Lu and K. Wu （2009）. Factors Decomposition and EmpiricalAnalysis of Variations in EnergyCarbon Emission in China. Resources Science 31 （12）: 2072 – 2079.